MW01717371

Massime Eterne......

Alphonse de Liguori

Nabu Public Domain Reprints:

You are holding a reproduction of an original work published before 1923 that is in the public domain in the United States of America, and possibly other countries. You may freely copy and distribute this work as no entity (individual or corporate) has a copyright on the body of the work. This book may contain prior copyright references, and library stamps (as most of these works were scanned from library copies). These have been scanned and retained as part of the historical artifact.

This book may have occasional imperfections such as missing or blurred pages, poor pictures, errant marks, etc. that were either part of the original artifact, or were introduced by the scanning process. We believe this work is culturally important, and despite the imperfections, have elected to bring it back into print as part of our continuing commitment to the preservation of printed works worldwide. We appreciate your understanding of the imperfections in the preservation process, and hope you enjoy this valuable book.

MASSIME

ETERNE

DI S. ALFONSO DE LIGUORI

A spese della pia società eretta in Roma per l'accrescimento, difesa, e propagazione della fede cattolica

SOTTO LA PROTEZIONE SPECIALE

DI MARIA SS.

e sotto l'assoluta e immediata dipendenza

DAL SOMMO PONTEFICE

ÉTUDES BIBLIOTHÈQUE IHS

ROMA

TIPOGRAFIA DELL'OSPIZIO APOSTOLICO
PRESSO PIETRO AURELJ

1841

VENITE FILII, AUDITE ME, TIMOREM DOMINI DOCEBO VOS. *Ps.* 33.

BREVE METODO

Per fare la Meditazione.

I. Anima mia ravviva la fede, e pensa che ti trovi innanzi a Dio. Mettiti alla sua divina presenza, e adoralo profondamente.

II. Umiliati a'piedi del tuo Dio e dimandagli di cuore perdono.

III. Cerca lume a Dio per amor di Gesù Cristo, raccomandati a Maria Santissima, ed ai Santi con un' *Ave e Gloria* etc.

Leggi passo passo la Meditazione. Dopo ogni punto considera quella massima eterna. Finita la considerazione, fa risoluzione particolare di levarti il vizio, e poi farai il seguente ringraziamento.

Signore, vi ringrazio de'lumi e degli affetti che m'avete dati in questa santa meditazione. Vi domando perdono delle mancanze da me commesse nel tempo di essa: vi offro i proponimenti, che per grazia vostra ho concepiti, e vi prego di avvalorarli col vostro santo ajuto, acciocchè io li possa ridurre all' effetto bramato. Lo spero questo favore per i meriti di G. C. e per l'intercessione di Maria Santissima.

MASSIME ETERNE

PER LA DOMENICA

Del fine dell' Uomo

I. Considera, anima mia, come

quest'essere, che tu hai, te l' ha dato Dio, creandoti a sua immagine, senza tuoi meriti; ti ha adottato per figlio col santo battesimo, ti ha amato più che da padre, e ti ha creato, acciò l'amassi e servissi in questa vita per poi goderlo in paradiso. Sicchè non sei nato, nè dei vivere per godere, per farti ricco e potente, e per mangiare, bere, e dormire, come i bruti; ma solo per amar il tuo Dio, e salvarti in eterno. E le cose create te le ha date il Signore in uso, acciocchè t'ajutassero a conseguire il tuo gran fine. Oh me infelice che tutt' altro ho pensato fuorchè al mio fine! Padre mio, per amor di Gesù, fate ch'io cominci una nuova vita, tutta santa, e tutta conforme al vostro divino volere.

II. Considera come in punto di morte sentirai gran rimorsi se non hai atteso a servire Dio. Che pena quando alla fine de' giorni tuoi ti avvedrai che non ti resta altro in quell'ora che un pugno di mosche; di tutte le grandezze, glorie e piaceri, stupirai come per vanità, e cose da niente hai perduta la grazia di Dio, e l'anima tua; senza poter rifare il mal fatto, nè vi sarà più tempo di metterti nel buon cammino. Oh disperazione! Oh tormento! Vedrai allora quanto vale il tempo, ma tardi; lo vorresti comprare col sangue, ma non si potrà. Oh giorno amaro per chi non ha servito ed amato Dio!

III. Considera quanto si trascura questo gran fine. Si pensa ad accumular ricchezze, si pensa a mangiare, a festeggiare, a darsi al bel tempo. E Dio non si serve, ed a salvar l'anima non si attende, e il fine eterno si tiene per bagattella. E così la maggior parte de'Cristiani banchettando, cantando, e suonando se ne va all' Inferno. Oh se essi sapessero che vuol dire Inferno! Oh uomo stenti tanto per dannarti, e nulla vuoi fare per salvarti! Moriva un Segretario di Francesco Re d'Inghilterra, e moriva dicendo: Misero me ho consumata tanta carta per scrivere le lettere del mio Principe, e non ho speso un foglio per ricordarmi de' miei peccati e fare una buona confessione! Filippo III. Re di Spagna diceva morendo: Oh fossi stato a servire Dio in un Deserto e non fossi stato mai Re! ma che servono allora questi sospiri, e questi lamenti? Servono per maggior disperazione. Impara tu a spese d'altri a vivere sollecito di tua salute, se non vuoi cadere nella medesima disperazione. E sappi, che quanto fai, dici e pensi fuor del gusto di Dio, tutto è perduto. Su via, è tempo già di mutar vita. Che vuoi aspettare il giorno della morte a disingannarti? Alla porta dell'eternità, sulle fauci dell' Inferno, quando non v'è più luogo di emendare l'errore? Dio mio perdonatemi: io v'amo sopra ogni cosa. Mi pento di avervi offeso sopra ogni male.

Dell'importanza del fine.

I. Considera, o Uomo, quanto importa conseguire il tuo gran fine; importa il tutto, perchè se lo conseguisci, ti salvi e sarai sempre beato, godrai in anima, e corpo ogni bene. Ma se la sgarri perderai anima, e corpo, Paradiso, e Dio, sarai eternamente misero, sarai sempre dannato. Dunque questo è il negozio di tutti i negozj, solo importante, solo necessario, il servire Dio, e salvarsi l'anima. Onde non dire più Cristiano mio: ora vuò soddisfarmi, appresso mi darò a Dio, e spero salvarmi. Questa speranza falsa, oh quanti ne ha mandati all'Inferno, i quali pur diceano così, ed ora son dannati, e non ci è più rimedio per essi; qual dannato volea proprio dannarsi? ma Dio maledice chi pecca per la speranza del perdono: *Maledictus homo qui peccat in spe*. Tu dici voglio fare questo peccato, e poi me ne confesserò, e chi sa se avrai questo tempo? Chi t' assicura, che non morirai di subito dopo il peccato? Frattanto perdi la grazia di Dio, e se non la trovi più? Dio usa misericordia con chi lo teme, non con chi lo disprezza: *Et misericordia ejus timentibus eum*. Luc. 1. Nè dir più, tanto è confessare due peccati, quanto tre: no perchè Dio due peccati ti per-

—

donerà, non tre. Dio sopporta, ma non sopporta sempre: *In plenitudine peccatorum puniet*. 1. Mac. 6. Quando è piena la misura, Dio non perdona più, ma castiga colla morte, o coll'abbondonare il peccatore, sicchè da peccato in peccato se n'andrà all'inferno, castigo peggiore della morte; attento fratello a questo ch'ora leggi. Finiscila, datti a Dio. Temi, che questo sia l'ultimo avviso, che Dio ti manda. Basta quanto l'hai offeso, basta quanto Egli t'ha sopportato. Trema che un altro peccato mortale che farai, Dio non ti perdoni più. Vedi che si tratta d' anima, si tratta d'eternità. Questo gran pensiero dell'eternità quanti ne ha mandati a vivere ne'chiostri, ne' deserti, e nelle grotte! Povero me, che mi trovo di tanti peccati fatti? il cuore afflitto, l'anima aggravata, l'inferno acquistato, Dio perduto! Ah! Dio mio, e Padre mio legami all'amor tuo.

II. Considera come quest'affare eterno, è il più trascurato. A tutto si pensa, fuorchè a salvarsi. Per tutto v'è tempo, fuorchè per Iddio. Si dica ad un mondano, che frequenti i Sagramenti, che faccia mezz'ora d'orazione il giorno. Risponde ho figli, ho nepoti, ho possessioni, ho che fare. Oh Dio! e non hai l'anima? Impegna pur le ricchezze, chiama i figli, i nepoti, che ti dian ajuto in punto di morte, e ti cavino dall'

Inferno, se vai dannato. Non ti lusingare di poter accordare Dio e mondo, Paradiso e peccati. Il salvarti non è negozio di trattarlo alla larga, bisogna far violenza a se stesso, bisogna faticare, bisogna farsi forza, se vuoi guadagnarti la corona immortale. Quanti Cristiani si lusingavano, che appresso avrebbero servito Dio, e si sarebbero salvati, ed ora stanno nell'Inferno? Che pazzia, pensar sempre a quello, che finisce così presto, e pensar tanto poco a quello, che non ha mai da finire! Ah Cristiano pensa a casi tuoi. Pensa che fra poco sloggerai da questa terra, e andrai alla casa dell'eternità. Povero te se ti danni! Vedi, che non ci potrai rimediar più.

III. Considèra, Cristiano, e dì: un'anima ho, se questa io perdo, ho perduto ogni cosa. Un'anima ho, se a danno di quest'anima mi guadagno un mondo, che mi serve? Se divengo un grand'uomo, e perdo l'anima, che mi giova? Se accumulo ricchezze, se avanzo la casa, se ingrandisco i figli, e perdo l'anima, che mi giova? Che giovarono le grandezze, i piaceri, le vanità a tanti che vissero nel mondo, ed ora sono polvere in una fossa, confinati giù nell'Inferno? Dunque se l'anima è mia, se un'anima ho, e se la sgarro una volta l'ho sgarrata per sempre, deggio ben pensare a salvarmi. Questo è un punto che troppo importa.... Si tratta di essere o sempre felice o sempre infelice. Oh mio Dio, confesso, e mi confondo, che fin'ora son vissuto da cieco, son andato così lontano da Voi; non ho pensato a salvare quest'unica anima mia. Salvatemi, o Padre, per Gesù Cristo; mi contento di perdere ogni cosa, purchè non perda Voi, mio Dio. Maria, speranza mia, salvami tu colla tua intercessione.

PER IL MARTEDÌ

Del peccato Mortale.

I. Considera come tu creato da Dio per amare Dio, con ingratitudine d'Inferno, te gli sei ribellato; l'hai trattato da nemico, hai disprezzata la sua grazia, la sua amicizia. Conoscevi, che gli davi un gran disgusto con quel peccato, e l'hai fatto? chi pecca, che fa? volta le spalle a Dio, gli perde di rispetto, alza la mano per dargli uno schiaffo, affligge il cuore di Dio: *Et afflixerunt Spiritum sanctum ejus*. Is. Chi pecca dice a Dio col fatto; Allontanati da me, non ti voglio ubbidire, non ti voglio servire, non ti voglio riconoscere per mio Signore, non ti voglio tenere per Dio, il mio Dio è quel piacere, quell' interesse, quella vendetta. Così hai detto nel tuo cuore, quando hai preferita la creatura a Dio. S. Maria Maddalena de Pazzi non sapea credere come un Cristiano potesse ad occhi aperti fare un peccato mortale, tu che leggi, che dici? Quanti n'hai commessi? Dio mio, perdonami, abbi pietà di me. Ho offeso te, Bontà infinita. odio i peccati, t'amo, e mi pento di averti ingiuriato a torto, o Dio mio degno d'infinito amore.

II. Considera, come Dio ti dicea quando peccavi: Figlio, io sono il tuo Dio, che ti creai dal niente: ti comprai col mio sangue, io ti proibisco di fare questo peccato sotto pena della mia disgrazia. Ma tu peccando dicesti â Dio: Signore, io voglio pigliarmi questo gusto, e non mi importa, che ti dispiaccia, e che perda la tua grazia: *Dixisti non serviam*. Ah mio Dio, e ciò ho fatto più volte. Come mi avete sopportato? Oh fossi morto prima, che avervi offeso! Io non voglio più disgustarvi, io vi voglio amare, o Bontà infinita. Datemi voi perseveranza, datemi il vostro santo amore.

III. Considera, che quando i peccati giungono a certo numero, fanno, che Dio abbandoni il peccatore; *Dominus patienter expectat, ut cum judicii dies advenerit in plenitudine peccatorum puniat.* 2. Machab. 6. 14. Se dunque fratello mio, sarai di nuovo tentato a peccare, non dirai più: poi me ne confesserò. E se Dio ti fa morire allora? E se Dio ti abbandona, che ne sarà di te per tutta l'eternità? Così tanti si son perduti. Anch'essi speravano il perdono, ma è venuta la morte e si son dannati. Trema, che lo stesso non avvenga a te. Non merita misericordia chi vuol servirsi della bontà di Dio per offenderlo. Dopo tanti e sì gravi peccati, che Dio t'ha perdonati, giustamente hai a temere che ad un altro peccato mortale, che farai, Dio non perdoni più. Ringrazialo, che t'ha aspettato sin'ora. E fa in questo punto una forte risoluzione di soffrir prima la morte, che fare un altro peccato. Dirai sempre da oggi innanzi: Signore, basta quanto v' ho offeso. La vita che mi resta non la voglio spendere a più disgustarvi: no che Voi non lo meritate; la voglio spendere solo ad amarvi, ed a piangere l'offese che vi ho fatte. Me ne pento con tutto il cuore. Gesù mio vi voglio amare datemi forza, Maria madre mia ajutatemi.

PER IL MERCOLDÌ.

Della Morte.

I. Considera, come ha da finire questa vita. E'uscita già la sentenza, hai da morire. La morte è certa, ma non si sa quando ci viene. Che ci vuole a morire? Una gocciola che ti cada sul cuore, una vena che ti si rompa nel petto, una soffogazione di catarro, un torrente impetuoso di sangue, un animaletto velenoso che ti morda, una febbre, una puntura, una piaga, una inondazione, un terremoto, un fulmine, un lampo basta a levarti la vita. La morte verrà ad assalirti quando meno ci pensi. Quanti la sera si sono posti a dormire e la mattina si sono trovati morti! Non può forse succedere anche a te? Tanti che sono morti di subito non se la pensavano di morire così, ma così sono morti, e se si trovavano in peccato, or dove stanno? E dove staranno per tutta l'eternità? Ma sia come si voglia, è certo che ha da venire un tempo, nel quale per te si farà notte, e non giorno, vedrai il giorno e non vedrai la notte. Verrò come ladro alla sorda, e di nascosto, disse Gesù Cristo. Te lo avvisa per tempo il buon Signore, perchè ama la tua salute. Corrispondi a Dio, approfittati dell' avviso, preparati a ben morire prima che venga la morte: *Estote parati*. Allora non è tempo d'apparecchiarsi, ma di trovarsi apparecchiato. E' certo, che hai da morire, ha da finire la scena di questo mondo per te, e non sai quando. Chi sa se sarà fra un anno, fra un mese, se domani sarai vivo: o Gesù mio perdonatemi.

II. Considera, come nell'ora della morte ti troverai steso in un letto assistito dal sacerdote, che ti raccomanderà l'anima, co' parenti accanto che ti piangeranno, col crocifisso al capo, colla candela in mano; già vicino a passare all' eternità. Ti sentirai la testa addolorata, gli occhi oscurati, la lingua arsa, le fauci chiuse, il petto aggravato, il sangue gelato, la carne consumata, il cuore trafitto. Lascerai morendo ogni cosa, e povero e nudo sarai gettato a marcire in una fossa; quivi i vermi, ed i sorci ti roderanno tutte le carni, e di te non resteranno che quattr'ossa spolpate, ed un poco di polvere fetente, e niente più. Apri una fossa vedi a che è ridotto quel riccone, quell'avaro, quella donna vana. Così finisce la vita. Nell'ora della morte ti vedrai circondato da'demonj, che ti metteranno innanzi tutt'i peccati commessi, fin da quando eri fanciullo. Ora il demonio per indurti a peccare, ti copre e scusa la colpa, dice, che non è gran male quella vanità, quel piacere, quella confidenza, quel rancore, che non c'è mal fine in quella conversazione: ma la morte scoprirà la gravezza del tuo peccato, e al lume di quell' eternità, alla quale sarai per passare, conoscerai, che male fu aver offeso un Dio infinito. Presto rimedia a tempo ora che puoi, perchè allora non sarà più tempo. Mio Dio, datemi luce.

III. Considera, come la morte è un momento, dal quale dipende l'eternità. Giace l'uomo già vicino a morire, e per conseguenza vicino ad una delle due eternità, e questa sorte sta attaccata a quell'ultima chiusa di bocca, dopo la quale in un punto si trova l'anima o salva, o dannata per sempre. Oh punto! oh chiusa di bocca! oh momento, d'onde dipende un'eternità! un'eternità, o di gloria, o di pena; un' eternità, o sempre felice o sempre infelice, o di contenti, o di affanni: un'eternità, o d'ogni bene o d'ogni male; un'eternità, o d'un paradiso, o d'un Inferno. Vale a dire, che se in quel momento ti salvi non avrai più guai, se ti danni sarai sempre afflitto, e disperato mentre Dio sarà Dio. In morte conoscerai, che vuol dire Paradiso, Inferno, peccato mortale. Dio offeso, legge di Dio disprezzata, peccati lasciati in confessione, roba non restituita. Misero me, dirà il moribondo, da qui a pochi momenti ho da comparire innanzi a Dio! e chi sa qual sentenza mi toccherà? Dove andrò al paradiso, o all'inferno? A godere fra gli angeli o ad ardere coi dannati? Sarò figliuolo di Dio, o schiavo del demonio? Fra poco, ohimè! lo saprò: dove alloggierò la prima volta, ivi resterò in eterno. Ah fra poche ore, fra pochi momenti, che ne sarà di me? Che ne sarà di me se non risarcisco quello scandalo, se non restituisco quella roba, quella fama, se non perdono di cuore al nemico, se non mi confesso bene? Allora detesterai mille volte quel giorno che peccasti; quel diletto, quella vendetta che ti prendesti, ma troppo tardi, e senza frutto, perchè lo farai per mero timore del castigo, senz'amore a Dio. Ah! Signore, ecco da questo punto io mi converto a Voi, non voglio aspettare la morte; da ora io v'amo, e v'abbraccio, e voglio morire abbracciato con Voi. Madre mia Maria, fammi morire sotto il tuo manto, ajutami in quel punto.

PER IL GIOVEDÌ

Del Giudizio

I, Considera, come appena l'anima uscirà dal corpo, che sarà condotta innanzi al tribunale di Dio, per esser giudicata. Il Giudice è un Dio onnipotente da te maltrattato, adirato al sommo; gli accusatori sono i demonj nemici: i processi i tuoi peccati, la sentenza è inappellabile, la pena un inferno. Non vi son più compagni, non parenti, non amici: fra te e Dio te l'hai da vedere: allora scorgerai la bruttezza de' tuoi peccati, nè potrai scusarli, come ora fai. Sarai esaminato sopra i peccati di pensieri, di parole, di compiacenza, d'opere, d'ommissione, di scandalo, tutto si ha da pesare in questa gran bilancia della divina giustizia; e in una cosa che ti troverai mancante, sarai perduto: Gesù mio, e giudice mio, perdonatemi prima che m'abbiate a giudicare.

II. Considera come, la divina giustizia dovrà giudicare tutte le genti nella Valle di Giosafatte, quando finito il mondo, risusciteranno i corpi per ricevere insieme coll'anima il premio, o la pena secondo le opere loro. Rifletti, come se ti danni ripiglierai questo tuo medesimo corpo che servirà per eterna prigione dell'anima sventurata. A quell'amaro incontro l'anima maledirà il corpo, e il corpo maledirà l'anima, sicchè l'anima ed il corpo, che ora si accordano in cercare piaceri proibiti, si uniranno a forza dopo morte per esser carnefici di sè stessi. All'incontro, se ti salvi, questo tuo corpo risorgerà tutto bello, impassibile, e risplendente e così in anima, e in corpo sarai fatto degno della vita beata. E così finirà la scena di questo Mondo. Saran finite allora tutte le grandezze, e piaceri, le pompe di questa terra, tutto è finito; vi restano solo due eternità una di gloria, e l' altra di pena; l'una beata, e l'altra infelice; l'una di gaudii, e l'altra di tormenti. Nel Paradiso i giusti, nell'Inferno i peccatori. Povero allora chi avrà amato il mondo, e per miseri gusti di questa terra avrà perduto tutto, l'anima, il corpo, il Paradiso e Dio.

III. Considera l'eterna sentenza. Cristo Giudice si volterà contro i reprobi, e loro dirà; L'avete finita, ingrati, l'avete finita! E' già venuta l'ora mia, ora di verità, e di giustizia, ora di sdegno, e di vendetta. Sì, scellerati, avete amata la maledizione, venga sopra di voi, siate maledetti nel tempo, maledetti nell'eternità. Partitevi dalla mia faccia, andate privi d'ogni bene, carichi di tutte le pene al fuoco eterno: *discedite a me maledicti in ignem aeternum*. Matt. 25. 41. Dopo Gesù si volterà agli eletti, e dirà: Venite voi figli miei benedetti; venite a possedere il Regno de' Cieli a voi apparecchiato. Venite, non per portare dietro di me la croce, ma insieme con me la corona. Venite ad essere eredi delle mie ricchezze, compagni della mia gloria; venite a cantare in eterno le mie misericordie, venite dall'esilio alla patria, venite dalle miserie alla gioja, venite dalle lagrime al riso, venite dalle pene all'eterno riposo. *Venite benedicti Patris mei: possidete paratum vobis regnum.* Gesù mio spero anch'io d'essere un di questi benedetti. Io v'amo sopra ogni cosa, beneditemi in quest'ora. E beneditemi Voi, mia cara Madre Maria.

PER IL VENERDÌ

Dell' Inferno

I. Considera come l'Inferno è una prigione infelicissima piena di fuoco. In questo fuoco stan sommersi i dannati, avendo un abisso di fuoco di sopra, intorno, e di sotto. Fuoco negli occhi, fuoco nella bocca, fuoco per tutto. Tutti poi i sensi hanno la loro propria pena. Gli occhi acciecati dal fumo, dalle tenebre, ed atterriti dalla vista degli altri dannati, e de' Demoni. Le orecchie odono giorno e notte continui urli, pianti e bestemmie. L'odorato è appestato dal fetore di quegl'innumerabili corpi puzzolenti. Il gusto è cruciato da ardentissima sete, e da fame canina senza poter ottenere mai una goccia d'acqua, e un tozzo di pane. Onde quest'infelici carcerati arsi dalla sete, divorati dal fuoco, afflitti da tutti i tormenti, piangono, urlano, si disperano; ma non vi è, nè vi sarà chi li sollevi, o li consoli. O Inferno, Inferno! che non ti vogliono credere alcuni se proprio non vi cadono! Che dici tu che leggi? Se ora avessi a morire, dove andresti? Tu non ti fidi di soffrire una scintilla di candela sulla mano, e ti fiderai poi di stare in un lago di fuoco, che ti divori, sconsolato ed abbandonato da tutti per tutta l'eternità?

II. Considera poi la pena, che avranno le potenze. La memoria sarà sempre tormentata dal rimorso della coscienza; questo è quel verme che sempre roderà il dannato nel pensare al perchè si è dannato volontariamente, per pochi piaceri avvelenati. Oh Dio! che gli parranno allora quei momenti di gusto, dopo cento, dopo mille milioni d'anni d' inferno? Questo verme gli ricorderà il tempo che gli ha dato Dio per rimediare, le comodità, che gli ha presentate per salvarsi, i buoni esempj de'compagni, i propositi fatti, ma non eseguiti. Allora vedrà che non vi è più rimedio alla sua rovina eterna. Oh Dio, oh Dio ! e che doppio Inferno sarà questo! La volontà sempre contradetta non avrà mai niente di ciò che vorrà, ed avrà sempre quel che non vorrà, cioè tutti i tormenti. L'intelletto conoscerà il gran bene che ha perduto, cioè il paradiso e Dio. O Dio, o Dio perdonatemi per amor di Gesù Cristo.

III. Peccatore, tu che ora non

ti curi di perdere il paradiso e Dio, conoscerai la tua cecità, quando vedrai i Beati trionfare, e godere nel Regno de'Cieli; e tu come cane puzzolente sarai cacciato via da quella patria beata, dalla bella faccia di Dio, dalla compagnia di Maria, e degli Angioli, e de'Santi. Allora smaniando griderai. Oh Paradiso di contenti, oh Dio bene infinito, non siete, nè sarete più mio! Su, penitenza; non aspettar che non sia anche per te più tempo. Datti a Dio, comincia ad amarlo davvero. Prega Gesù, prega Maria, che abbiano pietà di te.

Dell'Eternità delle pene.

I. Considera come nell'Inferno non v'è fine: si patiscono tutte le pene, e tutte eterne. Sicchè passeranno cento anni di quelle pene, ne passeranno mille, e l'Inferno allora comincia, ne passeranno cento mila, cento milioni d'anni, e di secoli, e l'Inferno sarà da capo. Se un Angelo a quest'ora portasse la nuova ad un dannato, che Dio lo vuol cavar dall'Inferno ma quando? quando saranno passati tanti milioni di secoli quante sono le gocce d'acqua, le fronde degli alberi, e le arene del mare, e della terra: voi vi spaventereste, ma pur è vero, che quegli farebbe più festa a questa nuova che non fareste voi se aveste la nuova di esser fatto Re di un gran Regno. Sì, perchè disebbe il dannato: è vero che hanno da passare tanti secoli, ma ha da venire un giorno che han da finire. Ma ben passeranno tutti questi secoli, e l'inferno sarà da capo, si moltiplicheranno tante volte tutti questi secoli, quante sono le arene, le goccie, le frondi, e l'inferno sarà da capo. Ogni dannato farebbe questo patto con Dio: Signore, accrescete voi quanto vi piace la pena mia, allungatela per quanto tempo vi piace, basta che vi ponghiate termine, e son contento; ma questo termine non vi sarà mai. Almeno il povero dannato potesse ingannare se stesso e lusingarsi con dire: chi sa, forse un giorno Dio avrà pietà di me, e mi caverà dall'Inferno. Nò, il dannato si vedrà sempre in faccia scritta la sentenza della sua dannazione eterna, e dirà: dunque tutte queste pene ch'ora patisco, questo fuoco, questa malinconia, queste grida non hanno da finir mai per me? No, gli sarà risposto, mai, mai. E quanto tempo dureranno? sempre. Oh mai! Oh sempre! Oh eternità! Oh Inferno! come gli uomini ti credono, e peccano, e seguitano a vivere in peccato.

II. Fratello mio attento: pensa che per te sta l'Inferno aperto, se pecchi. Già arde sotto i tuoi piedi questa orrenda fornace, ed a quest'ora che leggi quante anime vi stan cadendo! Pensa che se tu ci arrivi una volta, non ne potrai uscir più. E se qualche volta già hai meritato l'inferno, ringrazia Dio, che non ti ci ha mandato, e presto, presto rimedia quanto puoi, piangi i tuoi peccati, e piglia i mezzi più atti che puoi per salvarti. Confessati spesso, leggi questo, o altro libretto spirituale ogni giorno: prendi la divozione a Maria col rosario ogni giorno: col digiuno ogni sabato; nelle tentazioni resisti, chiamando spesso Gesù, e Maria. Fuggi le occasioni di peccare; se Dio ti chiama anche a lasciare il mondo, fallo;

fallo; ogni cosa che si fa per iscampare da un'eternità di pena è poco, è niente. *Nulla nimia securitas, ubi periclitatur aeternitas* (S. Bern.) Per assicurarsi nell'eternità non vi è cautela, che basti. Vedi quanti Anacoreti, per isfuggire l'inferno sono andati a vivere nelle grotte, ne' deserti! E tu che fai, dopo che tante volte t'hai meritato l'Inferno. Che fai? Che fai? Vedi che ti danni. Datti a Dio, e digli: Signore eccomi, voglio fare tutto quello, che volete da me. Maria ajutatemi.

PASSIONE

DI GESU' CRISTO

MEDITAZIONE PER LA DOMENICA

Dell'amore di Gesù in patire per noi.

I. Il tempo dopo la venuta di Gesù Cristo non è più tempo di timore, ma tempo d'amore, come dice il Profeta: *Tempus tuum tempus amantium*. Ezech. 16. poichè si è veduto un Dio morire per noi: *Christus dilexit nos et tradidit semetipsum pro nobis*. Eph. 5. Nell'antica legge prima che il verbo s' incarnasse, potea l'uomo dubitare se Dio l' amasse con tenero amore: ma dopo averlo veduto morire dissanguato e vilipeso su d'un patibolo infame, non possiamo più dubitare ch'egli non ci ami. Chi potrà arrivare a comprendere qual eccesso d'amore sia stato questo del Figliuolo di Dio, in voler egli pagar la pena de' peccati nostri? E pur ciò è di fede: *Vere languores nostros ipse tulit, et dolores nostros ipse portavit*. Is. 53. Tutto è stato opera del grande amore che ci porta. *Dilexit nos, et lavit nos in sanguine suo*. Apoc. 15. Per lavarci dalle sozzure di nostre colpe, volle egli essere svenato, e col suo sangue farci un bagno di salute. Oh misericordia infinita! Oh bontà infinita! Oh amore infinito di Dio!

Ah! mio Redentore, troppo mi avete obbligato ad amarvi, troppo vi sarei ingrato se non vi amassi con tutto il cuore. Gesù mio v'ho disprezzato, perchè son vissuto dimentico del vostro amore, ma Voi non vi siete scordato di me. Io vi ho voltate le spalle, Voi mi siete venuto appresso. Io v'ho offeso, e Voi mi avete perdonato. Io v'ho tornato ad offendere, e Voi mi avete tornato a perdonare. Deh! Signore, per quell' affetto con cui mi amaste sulla Croce, legatemi ora a Voi colle catene del vostro santo amore, ma legatemi tanto, ch'io non abbia più a vedermi separato da voi. Vi amo, o sommo Bene, e voglio sempre amarvi.

II. Quello che deve più infiammarci ad amare Gesù Cristo, non è tanto la morte e i dolori e l'ignominie sofferte per noi, quanto il fine ch'egli ha avuto in patir tante pene per noi, cioè per dimostrarci il suo amore, e per guadagnarsi i nostri cuori: *In hoc cognovimus charitatem Dei, quoniam ille animam suam pro nobis posuit.* 1. Joan. 3. 16. Non era già necessario per salvarci che Gesù patisse tanto e morisse per noi: bastava, che spargesse una sola goccia di sangue, una lagrima per la nostra salute; questa goccia e lagrima, sparsa da un Uomo Dio, era bastante a salvar mille mondi: ma egli ha voluto spargere tutto il sangue, ha voluto lasciar la vita in un mar di dolori e disprezzi per fare intendere l'amore grande, che ha per noi, e per obbligarci ad amarlo, *Charitas Christi urget nos*, dice S. Paolo (2. Cor. 5.) Non dice la Passione, la morte, ma l'amor di Gesù Cristo ci forza ad amarlo. E chi eravamo noi, o Signore, che a tanto caro prezzo abbiate voluto acquistarvi il nostro amore? *Pro omnibus mortuus est Christus ut, et qui vivunt jam non sibi vivant, sed ei, qui pro ipsis mortuus est.* Ibid. Voi dunque, Gesù mio, siete morto per noi, affinchè tutti vivessimo solo a Voi ed al vostro amore. Ma povero mio Signore, (permettetemi che così vi chiami)

Voi siete così amabile, voi avete tanto patito per essere amato dagli uomini; ma quanti sono poi quelli che v'amano? Vedo quasi tutti applicati ad amare, chi le ricchezze, chi gli onori, chi i piaceri. chi i parenti, chi gli amici, e chi le bestie; ma quanti sono coloro che amano veramente Voi amore infinito? Oh Dio sono troppo pochi! Ma tra questi pochi voglio essere anch'io che un tempo pure vi ho offeso con amare il fango; ma ora v'amo sopra ogni bene. Oh Gesù mio, le pene che avete sofferte per me troppo mi obbligano ad amarvi! Ma quello, che più mi stringe ed innamora di Voi è l' intendere l' amore, che mi avete dimostrato con tanto patire per essere amato da me. Amato mio Signore, Voi per amore vi siete dato tutto a me, io per amore mi do tutto a Voi. Voi per amor mio siete morto, io per amor vostro voglio morire quando e come vi piace. Accettatemi ad amarvi, ed ajutatemi colla vostra grazia.

III. Non v'è mezzo che possa maggiormente accenderci del divino amore, quanto il considerare la Passione di Gesù. Dice S. Bonaventura che le piaghe di Gesù Cristo per esser piaghe di amore son dardi che feriscono i cuori più duri, e fiamme che accendono le anime più gelate. *O vulnera corda vulnerantia, et mentes congelatas inflammantia.* Un' anima che crede e pensa alla passione del Signore, è impossibile che l'offenda e non l'ami: anzi non impazzisca d'amore, vedendo un Dio quasi impazzito per amor nostro: *Vidimus Sapientiam amoris nimietate infatuatam* (S. Laur. Justin.) Quindi dice l'Apostolo che i Gentili in sentir predicar la passione di Gesù Crocefisso la credevano una pazzia: *Praedicamus Christum crucifixum: Judaeis scandalum, gentibus autem stultitiam.* 1. Cor. 23. E com'è possibile, essi diceano, che un Dio onnipotente e felicissimo qual'è, abbia voluto morir per le creature.

Ah Dio innamorato degli uomini, e com'è possibile, diciam

noi, che ciò crediamo, che una tanta bontà, un tanto amore resti dagli uomini così mal corrisposto? Suol dirsi che amor con amor si paga, ma il vostro amore con quale amore potrà mai pagarsi? Bisognerebbe che un altro Dio morisse per voi, per compensare l' amore che ci avete portato in morire per noi. O croce, o piaghe, o morte di Gesù, voi troppo mi stringete ad amarlo. O Dio eterno, o amabile infinito io v' amo e voglio vivere solo per voi, solo per darvi gusto. Ditemi quel che da me volete ch' io tutto lo voglio fare. Maria speranza mia, pregate Gesù per me.

Del sudor di sangue, ed agonìa di Gesù nell' orto

I. Il nostro amante Redentore venuta l'ora della sua morte si portò nell' orto di Getsemani, in cui da se stesso diede principio alla sua amarissima passione, con dar licenza al timore, al tedio e alla mestizia che venissero a tormentarlo. *Caepit pavere, taedere, et moestus esse.* Cominciò dunque a sentire un gran timore e tedio della morte e delle pene che dovevano accompagnarla. Se gli rappresentaron allora i flagelli, le spine, i chiodi, la croce, che non già l'un dopo l'altro, ma tutti insieme vennero ad affliggerlo, e specialmente se gli fece innanzi quella morte desolata che doveva patire, abbandonato da ogni conforto umano e divino. Sicchè atterrito alla vista dell'orrido apparato di tanti strazj ed ignominie, prega l'eterno Padre che ne lo liberi: *Pater mi, si possibile est, transeat a me calix iste.* Matth. 26. Ma come? Non era Gesù quegli che tanto aveva desiderato di patire, e morire per gli uomini dicendo: *Baptismo habeo baptizari, et quomodo coarctor usquedum perficiatur?* Luc. 12. E come poi così teme queste pene, e questa morte? Ah che ben egli voleva morire per noi, ma acciocchè non pensassimo che esso per virtù della sua divinità morisse senza pena, perciò fece quella preghiera al Padre per farci conoscere, che non solo moriva per nostro amore, ma moriva con una morte sì tormentosa che grandemente lo spaventava.

II. S'aggiunse allora a tormentare l' afflitto Signore una gran mestizia, ond'egli giunse a dire, che quella bastava a dargli la morte: *Tristis est anima mea usque ad mortem*. Matth. 26. Ma, Signore, dalla morte che vi apparecchiano gli uomini a Voi sta liberarvene se vi piace; perchè v'affliggete? Ah che non tanto furono i tormenti della passione quanto i nostri peccati che così afflissero il cuore del nostro amante Salvatore. Egli per togliere i peccati era venuto in terra; ma vedendo poi che con tutta la sua passione, pure si avevano da commettere tante scelleraggini nel mondo, questa fu la pena che prima di morire lo ridusse a morte e lo fe' sudare vivo sangue in tanta copia, che giunse a bagnare la terra: *Factus est sudor ejus sicut guttae sanguinis decurrentis in terram*. Luc. 22. Sì perchè Gesù allora si vide innanzi tutt' i peccati che avevano da fare gli uomini dopo la sua morte, tutti gli odj, disonestà, furti, bestemmie, sacrilegj, ed ogni colpa venne allora colla sua malizia, come una fiera crudele a lacerargli il cuore. Onde egli diceva allora: questa dunque, o uomini, è la vostra ricompensa al mio amore? Ah s'io vi vedessi a me grati, oh come allegramente andrei ora a morire! Ma il veder dopo tante mie pene tanti peccati; dopo tanto mio amore tanta ingratitudine: questo è quello che mi fa mesto sino alla morte, e mi fa sudar sangue.

Dunque, amato mio Gesù, i peccati miei furono quei che allora tanto vi afflissero. Se meno io avessi peccato, meno voi avreste patito. Quanto più di piacere io mi ho preso in offendervi, tanto più di affanno io allora vi accrebbi. E come ora non muojo di dolore, pensando che ho pagato l' amor vostro con aggiungervi pena e mestizia? Io dunque ho afflitto quel cuore, che tanto mi ha amato? Colle creature io sono stato ben grato, con voi solo sono stato un ingrato. Gesù mio, perdonatemi, che io me ne pento con tutto il cuore.

III. Vedendosi Gesù carico de' nostri peccati, *procidit in faciem suam.* (Matth. 26.) Si prostra colla faccia a terra, come vergognandosi d'alzare gli occhi al cielo. E posto in agonia di morte, pregò lungamente: *Factus in agonia prolixius orabat.* Luc. 22. Allora Voi, Signore mio, pregavate per me l'Eterno Padre, che mi perdonasse, offerendovi a morire in soddisfazione delle mie colpe.

Anima mia, e come non ti arrendi a tanto amore? Come ciò credendo puoi amare altri, che Gesù? Su via buttati a' piedi del tuo agonizzante Signore, e digli: caro mio Redentore, e come avete potuto amare chi tanto vi ha offeso? Come avete potuto soffrire la morte per me, vedendo l'ingratitudine mia? Deh fatemi parte di quel dolore, che sentiste nell'orto de' peccati miei! Ora io gli abborrisco, ed unisco questo mio abborrimento a quello che allora Voi ne aveste. Oh! amore del mio Gesù, tu sei l'amor mio. Signore, io v'amo, io v'amo, io v'amo, e per amor vostro m'offerisco a patire ogni pena, ogni morte. Deh per i meriti dell'agonia, che soffriste nell'orto, datemi la santa perseveranza. Maria speranza mia, pregate Gesù per me.

PER IL MARTEDÌ

Della carcerazione, e condotta di Gesù dai Giudei.

I. Arriva Giuda nell'orto, e tradendo egli col bacio il suo Maestro, si fanno sopra Gesù quegl'insolenti ministri, e lo legano come un ribaldo. *Comprehenderunt Jesum, et ligaverunt eum.* Jo. 18. Un Dio legato! e perchè? e da chi? dalle stesse sue creature. Angeli del Cielo, che ne dite? E voi, Gesù mio, perchè vi fate legare? *O Rex Regum* (piange san Bernardo) *quid tibi, et vinculis?* Che hanno a fare le funi degli schiavi e de' rei col Re dei re, e col santo de' santi? Ma se gli uomini ardiscono legarvi, voi che siete onnipotente, perchè non vi sciogliete, e vi liberate dai tormenti, che questi barbari v' apprestano? Ah! che non sono già queste funi che vi stringono, l'amor verso di noi è quello che vi lega, e vi condanna alla morte.

Mira, o uomo, dice S. Bonaventura, come quei cani maltrattano Gesù: chi l' afferra, chi lo spinge, chi lo lega, chi lo percuote. E mira Gesù, che qual agnello mansueto, senza resistenza si fa condurre al sacrificio. E voi discepoli, che fate? perchè non accorrete a torlo di mano ai suoi nemici? Almeno perchè non l'accompagnate per difendere la sua innocenza avanti a'Giudei? Ma oh Dio! che ancora i Discepoli al vederlo preso e legato, se ne fuggono, e l'abbandonano! *Tunc Discipuli ejus relinquentes eum omnes fugerunt.* Marc. 14. O Gesù mio abbandonato, chi mai prenderà le vostre difese, se i vostri più cari vi lasciano? Ma ohimè! che quest'ingiuria non finì colla vostra passione. Quante anime dopo essersi consecrate alla vostra seguela, e dopo molte grazie speciali ricevute da voi, per qualche occasione di vile interesse, e di umano rispetto, o di sozzo piacere vi abbandonano? Misero me, che di quest'ingrati uno son'io. Gesù mio, perdonatemi, ch'io non voglio più lasciarvi. Io v'amo e voglio prima morire che perdere la vostra grazia.

II. Condotto, che fu Gesù davanti a Caifas, fu da lui interrogato de'suoi discepoli, e della sua dottrina. Gesù rispose, ch' Egli non aveva parlato in segreto, ma in pubblico, e che quegli stessi che gli stavano d'intorno, ben sapevano ciò che aveva insegnato. *Ego palam locutus sum: ecce hi sciunt quae dixerim ego.* Jo. 18. Ma a tal risposta uno di quei ministri, trattandolo da temerario, gli diede un' orribil guanciata con dirgli: *Sic respondes Pontifici?* O pazienza del mio Signore! e come una risposta sì mansueta, meritava un affronto sì grande, alla presenza di tanta gente, e dello stesso Pontefice, il quale invece di riprendere quell' insolente, col silenzio più presto l'applaudisce? Ah Gesù mio! Voi tutto soffrite per pagare gli affronti ch' io temerario vi ho fatti: Amor mio ve ne ringrazio. Eterno Padre, perdonatemi per i meriti di Gesù. Mio Redentore, io v' amo più di me stesso.

Indi l' iniquo Pontefice l' interrogò se veramente era il figliuolo di Dio. Gesù per rispetto del divino Nome affermò esser ciò vero: ed allora Caifas si lacerò le vesti, con dire che Gesù avea bestemmiato, e tutti gridarono che era degno di morte. *At illi re-*

spondentes dixerunt, reus est mortis. Matt. 26. Sì, mio Salvatore, ben siete reo di morte, mentre vi siete obbligato a soddisfare per me, che sono reo di morte eterna. Ma giacchè Voi colla vostra morte mi avete acquistata la vita, è ragionevole che la vita mia io la spenda tutta per Voi. Io v'amo, e non altro desidero, che di amarvi. E mentre Voi, che siete il più grande di tutti i Re, avete voluto per amor mio essere disprezzato più di tutti gli uomini, io per amor vostro voglio soffrire ogni affronto, che mi sarà fatto. Deh per il merito de' vostri disprezzi datemi voi forza di sopportarli.

III. Avendo il concilio dei Sacerdoti dichiarato reo di morte Gesù Cristo, si pose quella canaglia a maltrattarlo per tutta la notte con schiaffi, calci e sputi, come uomo già dichiarato infame. *Tunc expuerunt in faciem ejus, et colaphis eum ceciderunt.* Matt. 26. Ed indi lo burlavano dicendo: *Prophetiza nobis Christe, quis est qui te percussit?* Ib. Ah mio caro Gesù, questi vi schiaffeggiano, vi sputano in faccia; Voi tacete e come un agnello senza lamentarvi, tutto soffrite e l'offerite per noi: *Quasi agnus coram tondente se obmutescet, et non aperiet os suum.* Is. 53. Ma se questi non vi conoscono, io vi confesso per mio Dio e Signore, ed intendo che quanto voi innocente patite, tutto lo patite per amor mio. Ve ne ringrazio, Gesù mio, e v'amo con tutto il cuore.

Fatto giorno condussero Gesù Cristo a Pilato per farlo condannare a morte. Pilato nondimeno lo dichiarò innocente, ma per liberarsi da'Giudei che seguivano a strepitare, lo mandò ad Erode, il quale desiderando di veder qualche prodigio, per mera sua curiosità, l'andò interrogando di varie cose. Ma Gesù, non meritando risposta quel malvagio , tacque e non rispose. Onde il superbo gli fe' molti dispregi, e specialmente lo fe' vestire da pazzo con una veste bianca. O sapienza eterna , o Gesù mio, quest'altra ingiuria vi mançava, d'essere trattato da pazzo! Oh Dio, che ancora io per lo passato, Signor mio, come Erode v' ho dispregiato. Deh non mi castigate come Erode, con privarmi delle vostre voci: Erode non vi conobbe, io vi confesso per mio Dio; Erode non si pentì d'avervi ingiurriato, io me ne pento con tutto il cuore; Erode non v' amò, io v'amo sopra ogni cosa. Deh! non mi negate le voci delle vostre ispirazioni, ditemi quel che volete da me, ch'io colla vostra grazia tutto voglio fare. Maria, speranza mia, pregate Gesù per me.

—

Flagellazione

I. Vedendo Pilato che i Giudei non lasciavano di pretendere la morte di Gesù, egli lo condannò ai flagelli. *Tunc ergo apprehendit Pilatus Jesum, et flagellavit.* Jo. 19. Stimò l'ingiusto Giudice di quietare con ciò i suoi nemici e così liberarlo dalla morte. Ma questo ritrovato riuscì troppo doloroso per Gesù Cristo: mentre scorgendo i Giudei, che Pilato dopo un tal supplizio volea liberarlo, come disse; *Corripiam ergo illum et dimittam;* (Luc. 23.) essi corruppero i manigoldi, acciocchè lo flagellassero a tal segno, che in quel tormento vi lasciasse la vita. Entra, anima mia nel pretorio di Pilato, fatto un giorno orrendo teatro dei dolori e dell'ignominie del Redentore; e vedi come Gesù ivi giunto da se stesso si spoglia delle sue vesti (come fu rivelato a s. Brigida) ed abbraccia la colonna, con dare un testimonio agli uomini delle sue pene e del suo amore. Guarda come l'innocente Agnello col capo dimesso e tutto verecondo per il rossore, aspetta quel gran tormento. Ecco che quei barbari, come cani arrabbiati, già se gli avventano sopra. Mira colà chi gli percuote il petto, chi le spalle, chi li fianchi, e chi le altre parti del corpo; anche la sagra testa e la sua bella faccia non vanno esenti dalle percosse. Ohimè già scorre quel sangue divino da ogni parte, già di sangue son pieni i flagelli, le mani de' carnefici, la colonna ed anche la terra. Oh Dio che non trovando i percussori parte più sana da ferire, aggiungono piaghe a piaghe e lacerano da per tutto quelle sacrosante carni. *Et super dolorem vulnerum meorum addiderunt.* Ps. 68. O anima, come hai potuto offendere un Dio flagellato per te? E voi, Gesù mio, come avete potuto tanto patire per un ingrato? Oh piaghe di Gesù, voi siete la mia speranza. Oh Gesù mio, voi siete l'unico amore dell' anima mia.

11. Troppo tormentosa fu questa flagellazione per Gesù Cristo, poichè i carnefici furono sessanta, come fu rivelato a S. Maria Maddalena de' Pazzi, gli uni sottentrando agli altri; gli stromenti scelti a quest' officio furono i più fieri, onde ogni colpo fe' piaga. Le battiture poi giunsero a più migliaja, sicchè arrivarono a comparire scoperte anche l'ossa delle coste di nostro Signore, come fu rivelato a S. Brigida. Giunsero in somma a farne una tale strage che Pilato credette di muovere a compassione gli stessi suoi nemici allorchè glielo mostrò sulla loggia quando disse: *Ecce Homo*. E il profeta Isaia ben predisse lo stato compassionevole in cui dovea ri-

dursi il Salvatore nella sua flagellazione, dicendo, che la sua carne doveva essere tutta franta: *attritus est propter scelera nostra*. E il suo benedetto corpo dovea diventare, come il corpo di un lebbroso, tutto piaghe. *Et nos putavimus eum quasi leprosum*. Is. 53.

Ah mio Gesù vi ringrazio di tanto amore. Mi dispiace, che anch'io mi sono unito a flagellarvi. Maledico tutti i miei piaceri malvagi, che vi han costato tanta pena. Ricordatevi, Signore, spesso l'amore, che mi avete portato, acciocchè io v' ami e non vi offenda più. Deh quale inferno a parte sarebbe per me, se dopo aver conosciuto l' amor vostro e dopo che voi tante volte m'avete perdonato, io misero di nuovo vi offendessi e mi dannassi. Ah! che quest'amore, e questa misericordia sarebbe nell'inferno un inferno per me più tormentoso. No, amor mio, non lo permettete. Io vi amo, o sommo bene, v' amo con tutto il cuore, e voglio sempre amarvi.

III. Per pagare dunque le nostre colpe, e specialmente d'impurità, volle Gesù patire questo gran tormento sulle sue carni innocenti. *Ipse autem vulneratus est propter iniquitates nostras.* Is.53. Dunque, o Signore, noi abbiamo offeso Dio, e voi avete voluto pagare la pena? Sia sempre benedetta la vostra infinita carità.

Che sarebbe di me, Gesù mio, se voi non aveste soddisfatto per me? Oh non vi avessi mai offeso. Ma s' io peccando ho disprezzato il vostro amore, ora altro non desidero che amarvi ed essere amato da voi. Voi avete detto, che amate chi vi ama. Io vi amo con tutta l'anima mia; fatemi voi degno dell'amor vostro. Io spero che già mi abbiate perdonato ed al presente voi mi amiate per vostra bontà. Ah caro mio redentore, legatemi sempre più al vostro amore, non permettete che io mi divida più da voi. Eccomi tutto vostro, castigatemi come volete, ma non mi private del vostro amore. Fate ch' io v' ami, e poi disponete di me come vi piace. Maria speranza mia, pregate Gesù per me.

Coronazione di spine.

I. Non contenti quei barbari ministri dell' orrenda carneficina fatta nel sacrosanto Corpo di Gesù Cristo colla flagellazione, istigati da' Demonj e da' Giudei, volendolo trattare da re di burla, gli pongono indosso uno straccio di veste rossa in segno di manto reale, una canna in mano in segno di scettro, ed un fascio di spine in capo intessute insieme in segno di corona, ed acciocchè questa corona non solo gli fosse di ludibrio, ma anche di gran dolore, colla stessa canna (come dice s. Matteo c. 27.) martellarono le spine, acciò anche entrassero dentro la testa. Sicchè le spine, al dir di san Pier Damiani, giunsero a penetrare per fino le cervella, e tanta era la copia del sangue che scorreva dalle ferite, che secondo fu rivelato a s. Brigida, di sangue ne fu ripiena la barba, gli occhi e le chiome di Gesù Cristo. Questo tormento della coronazione fu troppo doloroso e anche il più lungo, mentre le spine gli restarono fisse sino alla morte, sicchè ogni volta che veniva toccata la corona e la testa, sempre se ne rinnovava lo spasimo.

Ah! spine ingrate, che fate? così voi tormentate il vostro creatore? Ma che spine! Anima mia, tu fosti che co' tuoi mali consensi, feristi il capo del tuo Signore. Caro mio Gesù, Voi siete il Re del Cielo, ma ora siete divenuto Re di vituperio e di dolore. Ecco dove v'ha condotto l'amore alle vostre pecorelle. O mio Dio, io v'amo; ma finchè vivo sto in pericolo di lasciarvi, e negarvi il mio amore come ho fatto per il passato. Gesù mio se mai vedete ch'io avessi da tornare ad offendervi, deh fatemi morire ora che spero di stare in grazia vostra. Deh non permettete che io vi perda più per le mie colpe; ben meriterei questa disgrazia, ma non lo meritate Voi. No, Gesù mio, non vi voglio più perdere.

II. Quella ciurma indegna, dopo di aver barbaramente coronato Gesù Cristo, se gl'inginocchiaron innanzi e deridendolo con salutarlo: *Ave Rex Judaeorum*, gli sputavano in faccia e lo percuotevano co'schiaffi, con grida e risate di disprezzo; *Et genuflexi ante eum illudebant ei, dicentes: Ave Rex Judaeorum: Expuentes in eum dabant ei alapas.* Matt. 27. et Jo. 19. Ah mio Signore, a che siete ridotto? Oh Dio, se alcuno mai passato fosse per di là, ed avesse veduto quell'uomo così diformato, coperto con quello straccio rosso, con quello scettro in mano, con quella corona in testa, così deriso e maltrattato da quella gentaglia, per chi mai l avrebbe stimato, se non se per l' uomo più infame e scellerato del mondo? Ecco dunque il Figlio di Dio divenuto il ludibrio di Gerusalemme.

Ah Gesù mio, se miro al di fuori il vostro corpo, io non vedo altro che piaghe e sangue: se entro nel vostro quore, io non trovo altro che amarezze ed angoscie, che vi fanno patire agonie di morte. Ah Dio mio, chi altri che una bontà infinita, qual siete Voi poteva umiliarsi a soffrire tanto per le sue creature? Ma perchè siete Dio, amate da Dio. Queste piaghe che miro in Voi, son tutti segni di amore che ci portate. Oh se tutti gli uomini vi contemplassero nello stato in cui foste un giorno fatto spettacolo di dolore, e di vituperio a tutta Gerusalemme, chi potrebbe mai non restare preso dal vostro amore? Signore io v' amo, e tutto a Voi mi dono. Ecco il sangue, la vita, tutta ve l'offerisco. Eccomi pronto a patire e morire come a Voi piace. E che posso negare a Voi, che non mi avete negato il sangue e la vita? Gradite il sagrifizio che vi fa di se stesso un misero peccatore, ch'ora v' ama con tutto il cuore.

III. Ricondotto che fu Gesù a Pilato, questi da una loggia lo dimostra al popolo, dicendo: *Ecce Homo*; volendo dire: ecco l'uomo che voi mi avete addotto, accusandolo d' aver preteso di farsi Re: ecco è finito questo timore, or che l' avete ridotto, come lo vedete, a questo stato, in cui poco più può restargli di vita, lasciatelo andare a morire in sua casa, non m'obbligate più a condannare un innocente. Ma i Giudei più stizzati di prima gridarono: *Crucifige, crucifige, Sanguis ejus super nos, et super filios nostros.* Matth. 27. Ma siccome Pilato allora dalla loggia dimostrò Gesù al popolo, così anche l'Eterno Padre dal cielo presenta a noi il suo Figlio, dicendo parimente: ecco l'uomo da me promesso per vostro Redentore e da voi tanto aspettato. Ecco l'uomo ch'è unico mio Figliuolo, amato da me quanto me stesso. Eccolo per amor vostro diventato l'uomo più addolorato e il più vilipeso fra tutti gli uomini. Deh miratelo ed amatelo.

Ah mio Dio, sì ch'io guardo il vostro figlio e l'amo, ma guardatelo ancora voi, e per il merito dei suoi dolori e disprezzi perdonatemi tutte le offese che vi ho fatte. *Sanguis ejus super nos.* Il sangue di quest'uomo ch'è vostro figlio scenda sopra le anime nostre e ci ottenga la vostra misericordia. Mi pento bontà infinita d'avervi offeso e vi amo con tutto il cuore. Ma voi sapete la mia debolezza, ajutatemi, Signore, abbiate pietà di me. Maria speranza mia, pregate Gesù per me.

Condanna di Gesù, e viaggio al Calvario.

I. Finalmente Pilato per timore di perdere la grazia di Cesare, dopo di avere tante volte dichiarato Gesù innocente, lo condanna a morir crocifisso. Oh condannato mio Signore! (piange s. Bernardo) e qual delitto avete voi commesso, che abbiate da esser condannato alla morte? *Quid fecisti, innocentissime Salvator, ut sic judicareris?* Ma bene intendo (ripiglia il Santo) il peccato che Voi avete fatto: *Peccatum tuum est amor tuus*; il vostro delitto è il troppo amore che ci avete portato. Questo più che Pilato vi condanna alla morte.

Si legge l'iniqua sentenza, Gesù l'ascolta, e tutto rassegnato l'accetta, sottomettendosi alla volontà dell'Eterno Padre, che lo vuol morto, e morto in Croce per i peccati nostri: *Humiliavit semetipsum factus obediens usque ad mortem, mortem autem Crucis*. Phil. 2. Ah Gesù mio, Voi innocente accettaste la morte per amor mio, io peccatore accetto la morte mia per amor vostro, quale e quando a Voi piacerà.

Letta la sentenza afferrano con furia l'innocente Agnello, gli rimettono indosso le sue vesti, ed indi presa la croce, composta di due rozze travi, gliela presentano.

Non aspetta Gesù che gliela impongano, da se stesso l'abbraccia, la bacia e se la pone sulle spalle impiagate dicendo: Vieni, mia cara croce, da trentatrè anni ti vado cercando, in te voglio morire per amor delle mie pecorelle. Ah Gesù mio che potevate più fare per mettermi in necessità di amarvi? Se un mio servo solamente si fosse offerto a morire per me, pure si avrebbe attirato il mio amore; e come poi io ho potuto vivere tanto tempo senza amarvi, sapendo che siete morto per me? ma voi siete morto per perdonarmi. V'amo, o sommo bene e perchè v'amo, mi pento di avervi offeso.

II. Esce la giustizia co' condannati, e tra questi va ancora il re del cielo colla sua croce in ispalla: *Et bajulans sibi crucem exivit in eum qui dicitur Calvariae locum.* Joan. 19. Uscite ancora voi dal Paradiso, Serafini, e venite ad accompagnare il vostro Signore che va al monte per essere giustiziato. Oh spettacolo! un Dio giustiziato per gli uomini. Anima, mira, deh! mira il tuo Salvatore che va a morire per te, miralo come va col corpo curvo, colle ginocchia tremanti, tutto lacero di ferite, e scorrendo sangue, con quel fascio di spine in testa, e con quel pesante legno sulle spalle. Oh Dio! cammina egli con tanta pena che par che ad ogni passo spiri l'anima. Oh Agnello di Dio, digli, dove vai? Vado (risponde) a morir per te. Quando mi vedrai già morto ricordati (dice) dell'amor che t'ho portato, ricordatene e amami. Ah mio Redentore, come ho potuto vivere per lo passato così scordato del vostro amore? Oh peccati miei, voi avete amareggiato il cuore del mio Signore, cuore che mi ha troppo amato. Gesù mio, mi pento del torto che vi ho fatto; vi ringrazio della pazienza che avete avuta con me, e v'amo, v'amo con tutta l'anima, solo voi voglio amare. Deh ricordatemi voi sempre l'amore che mi avete portato, acciò io non mi scordi più d'amarvi.

III. Gesù Cristo sale il Calvario e c'invita a seguirlo. Sì mio Signore, voi innocente mi andate avanti colla vostra croce; camminate pure, che io non voglio lasciarvi. Datemi quella croce che volete, ch' io l' abbraccio e con quella voglio seguirvi sino alla morte. Voglio morire insieme con voi, che siete morto per me. Voi comandate che io vi ami ed io non altro desidero che amarvi. Gesù mio, voi siete ed avete ad esser sempre l'unico mio amore. Ajutatemi ad esservi fedele. Maria, speranza mia, pregate Gesù per me.

Crocifissione.

I. Eccoci al Calvario fatto teatro dell'amor divino, dove un Dio muore per noi in un mare di dolori. Giunto ivi Gesù, gli strappano con violenza le vesti attaccate alle sue lacere carni. e logittano sulla croce. L'agnello divino si stende su quel letto di morte, presenta le mani ai carnefici, ed all'Eterno Padre presenta il gran sagrificio della sua vita per la salute degli uomini. Ecco già l'inchiodano, e l'alzano in croce: mira anima mia, il tuo Signore che appeso a tre uncini di ferro pende da quel legno, dove non trova sito, nè riposo. Ora s'appoggia sulle mani, ora su i piedi, ma dove s'appoggia cresce il dolore. Ah Gesù mio qual morte amara è questa che fate! Io vedo scritto sulla Croce: *Jesus Nazarenus Rex Judaeorum*: ma fuori di questo titolo di scherno, qual contrassegno Voi dimostrate di re? Ah che questo trono di pene, queste mani inchiodate, questo capo trafitto, queste carni lacerate, ben vi fanno conoscere per re, ma re d'amore. Mi accosto dunque intenerito a baciare questi piedi impiagati. M' abbraccio a questa Croce, dove fatto voi vittima d'amore voleste morire sagrificato per me. Ah Gesù mio che ne sarebbe di me, se voi non aveste per me sodisfatta la divina giustizia? Vi ringrazio e v'amo.

II. Stando sulla Croce Gesù, non ha chi lo consoli. Coloro che gli stanno d'intorno chi lo bestemmia, chi lo deride: chi dice: *Si filius Dei es, descende de Cruce*: chi dice: *Alios salvos fecit; seipsum non potest salvum facere*. (Matth. 27). Stava bensì Maria sotto la croce, assistendo con amore al Figlio moribondo; ma la vista di questa Madre addolorata non consola Gesù, ma più l'affligge, vedendo la pena ch'Ella soffre per suo amore, onde il Redentore si volta all'Eterno Padre: ma il Padre vedendolo coperto di tutti i peccati degli uomini, per cui stava soddisfacendo: no, Figlio

(disse), non posso consolarti. Conviene che ancor io t'abbandoni alle pene, e ti lasci morire senza conforto. Ed allora fu, che Gesù esclamò: *Deus Deus meus, ut quid dereliquisti me?* (Matth. 27.)

Ah Gesù mio, come vi miro addolorato, e mesto! Ah che troppo ne avete ragione, in pensare, che tanto patite per esser amato dagli uomini, che poi tanto pochi vi hanno ad amare. Oh belle fiamme d'amore, voi che consumaste la vita di un Dio, deh consumate in me tutti gli affetti di terra, e fatemi ardere solo per quel Signore che volle per amor mio lasciar la vita su d'un patibolo infame. Ma Voi, Signore, come avete potuto morire per me, prevedendo l'ingiurie che poi vi ho fatte? Deh vendicatevi ora meco, datemi un tal dolore, che mi faccia star sempre addolorato de' disgusti che v'ho dati. Venite flagelli, spine, chiodi, e Croce, che tanto tormentaste il mio Signore, venite a ferirmi il cuore e ricordatemi sempre l'amore ch'Egli mi ha portato. Salvatemi, Gesù mio, il salvarmi sia darmi la grazia di amarvi: l'amar voi è la salute mia.

III. Il Redentore già prossimo a spirare con voce moribonda disse: *consummatum est*, come dicesse: uomini tutto e compito, è fatta la vostra Redenzione. Amatemi dunque, mentr'io non ho più che fare per farmi amare da voi.

Anima mia, su guarda il tuo Gesù che già sen muore. Mira quegli occhi oscurati, la faccia impallidita, il cuore che con languido moto va palpitando, il Corpo che già si abbandona alla morte; e mira quell'Anima, che già sta vicina a lasciar quel sacro corpo. Si oscura il Cielo, trema la terra, si aprono i sepolcri, segni che già sen muore il fattor del Mondo. Ecco alla fine come Gesù, dopo aver raccomandata al Padre l'anima sua benedetta, dando prima dall'afflitto Cuore un gran sospiro, ed inchinando poi il Capo in segno dell'offerta di sua vita, che in quel punto rinnova per la nostra salute, finalmente per violenza del dolore spira, e rende lo spirito in mano del suo diletto Padre.

Accostati, anima mia, a quella Croce. Abbracciati ai piedi del tuo morto Signore, e pensa ch'Egli è morto per l'amor che ti ha portato. Ah Gesù mio, dove v'ha ridotto l'affetto verso di me! E chi più di me ha goduti i frutti della vostra morte? Deh! fatemi Voi capire quale amore sia stato l'essere un Dio morto per me, acciò da oggi avanti, io non ami altro che Voi. Io v'amo, o sommo Bene, e vero amante dell'anima mia, nelle vostre mani ve la raccomando. Deh! per i meriti della vostra morte, fatemi morire a tutti gli amori terreni, acciocchè io ami solo Voi, che solo meritate tutto il mio amore. Maria speranza mia, pregate Gesù per me.

Viva Gesù nostro amore,
E Maria nostra speranza.

ATTI PER LA MATTINA.

Si faccia il segno della Croce, e poi si dica:

I. Mio Dio, vi adoro, e vi ringrazio di tutti i beneficj, e specialmente di avermi conservato questa notte.

II. Io v'amo con tutto il cuore, e vi offerisco quanto farò e patirò in questo giorno, in unione delle azioni, e patimenti di Gesù, e di Maria, con intenzione di acquistare tutte le indulgenze che posso.

III. Propongo di fuggire ogni

peccato, e vi prego per amor di Gesù a darmi la perseveranza. Propongo, particolarmente nelle cose contrarie, di unirmi alla vostra volontà, con dir sempre: *Signore sia fatto quelche volete voi.* Gesù mio, tenetemi oggi le mani sopra, Angelo Custode, Santi Avvocati assistetemi. Un *Pater*, *Ave*, *Credo* con tre *Ave* alla purità di Maria colla seguente.

Orazione utilissima per la mattina.

O immacolata Vergine Maria Signora e Madre mia, io voglio essere per sempre tutto di Gesù e tutto di Voi. Ecco pertanto che vi dono gli occhi, le orecchie, la la lingua, il cuore, e tutto me stesso. Voi abbiate cura di me, ma sopra tutto guardatemi da ogni peccato, massimamente contro la Purità a Voi sì cara.

Beneditemi, o Figlia dell'Eterno Padre, e non permettete che io offenda mai il mio buon Dio con pensieri.

Beneditemi, o Madre dell'Eterno Figlio, e non permettete che io offenda mai il mio buon Dio con parole.

Beneditemi, o Sposa dello Spirito Santo, e non permettete che io offenda mai il mio buon Dio con opere e con ommissioni: anzi fate che lo ami sempre con tutto il cuore, e lo faccia anche amare dagli altri. Così sia. O dolce, o pietosa, o amabile Maria.

Sia benedetta la Santa ed immacolata Concezione della Beata Vergine Maria.

ATTI CRISTIANI

Di Fede.

Io credo fermamente, perchè così ha rivelato Dio infallibile verità alla santa Chiesa cattolica e per mezzo di essa lo rivela anche a noi, che ci è un solo Dio in tre persone divine, uguali e distinte, che si chiamano Padre, Figliuolo, e Spirito Santo; che il Figliuolo si fece uomo prendendo per opera dello Spirito Santo carne ed anima umana nel ventre della purissima Vergine Maria; morì per noi in Croce, risuscitò, salì al Cielo, e di là ha da venire alla fine del mondo a giudicare tutti i vivi ed i morti, per dare per sempre ai buoni il Paradiso, ed ai cattivi l'Inferno; e di più per l'istesso motivo credo tutto quello che crede ed insegna la medesima santa Chiesa.

Di Speranza.

Dio mio, perchè siete onnipotente, ed infinitamente buono e misericordioso, io spero che per i meriti della passione e morte di Gesù Cristo nostro Salvatore, mi darete la vita eterna, quale voi fedelissimo avete promessa a chi farà opere da buon cristiano, come propongo di fare col vostro santo ajuto.

Di Carità.

Dio mio perchè siete sommo e perfettissimo bene, io vi amo con tutto il cuore, e sopra ogni altra cosa, e piuttosto che offendervi sono disposto a perdere ogni altra cosa, e per amor vostro amo ancora e voglio amare il prossimo mio come me medesimo.

Di Contrizione.

Dio mio, per esser voi somma bontà, e perchè vi amo sopra ogni cosa, mi pento e mi dolgo di vero cuore di avervi offeso, e propongo fermamente col vostro santo ajuto di non peccare mai più nell' avvenire, ed in particolare di fuggire le occasioni prossime del peccato.

ATTI PEL GIORNO.

Cominciando a lavorare dica:

Signore, vi offerisco questa fatica.

Andando a mangiare.

Dio mio, benedite questo cibo e me, acciò non vi commetta difetto, e tutto sia a gloria vostra.

Dopo aver mangiato.

Vi ringrazio, Signore, di aver fatto bene ad un vostro nemico.

Quando suona l'ora.

Gesù mio v'amo, non permettete ch'io più v'offenda.

In tempo di tentazione replichi spesso:

Gesù, e Maria.

Quando conosce o dubita di qualche peccato commesso dica subito:

Dio mio, me ne pento, non voglio farlo più. *E s'è stato peccato grave subito se ne confessi.*

Ricordi pel giorno.

Vita breve, e morte certa,
Del morire l'ora è incerta.
Un'anima sola si ha;
Se si perde che sarà?
Dio mi vede, Dio mi giudicherà;
O Paradiso, o Inferno mi toccherà.
Se perdo il tempo, che adesso ho
Alla morte non l'avrò.
Finisce tutto, e finisce presto
L'Eternità non finisce mai.

Pigliatene uno per giorno e riflettetecì un poco.

ATTI PER LA SERA

Ringrazi Dio di tutte le grazie ricevute. Faccia l'esame e l'atto di dolore, e poi farà gli atti Cristiani, posti a pag. 98.

Viva Gesù, Maria, Giuseppe, e Teresa.

MODO DI UDIR LA S. MESSA.

Mio Dio, eccomi a piedi del vostro Altare, e qui son io venuto per offerirvi col sacerdote il sacrificio del Corpo, e del Sangue del mio pietoso Redentore e vostro divin Figliuolo Gesù Cristo. Con questa offerta intendo di onorarvi, e di ringraziarvi debitamente, onde riportare sopra di me e de'fedeli gli effetti della vostra misericordia, la remissione de'peccati, la soddisfazione delle pene, e l'abbondanza delle vostre grazie. Quindi, o Signore, illuminate la mia mente, e purificate il mio cuore, ond'io assista degnamente, attentamente, e divotamente al grande sacrificio. Beneditemi onnipotente Iddio Padre, Figliuolo, e Spirito Santo. Così sia mio Dio.

Al principio della Messa quando inchinasi il Sacerdote a piè dell'Altare.

Ecco, anima mia, il tuo Gesù nell'Orto di Getsemani, ove dà Egli principio alla sua amara passione. Vedilo: ei si ritira in luogo solitario, e prostrato con la faccia in terra prega il suo Divin Padre, acciò l'assista in quel penoso conflitto. Al vedersi in quest'ora schierati ad uno ad uno i tormenti della vicina sua morte ei s'attrista, sviene, e suda sangue... O Gesù, i miei peccati sono cagione de' vostri affanni. Oh! il gran male ch'io ho fatto peccando contro di voi o mio Signore, e mio Dio. Conosco le mie colpe, e le ho innanzi agli occhi per inorridirmi, piangere, e soddisfarvi. Le confesso avanti a Voi, ed a tutta la Corte del Cielo. Siatemi pietoso, onnipotente Iddio, e perdonatemi, assolvetemi, salvatemi. Il sangue del vostro divin Figliuolo così addolorato parli per me.

Quando il Sacerdote ascende l'Altare.

Anima mia, il tuo Gesù è tradito: miralo preso in mezzo dai soldati, e legato barbaramente: Ei soffre, e tace. Guarda come va condotto in Gerusalemme, e là menato fra mille vituperj, e pene. Osserva a qual prezzo ha soddisfatto per la tua superbia, per le tue colpe ; a qual prezzo ti ha meritata la grazia onde renderti umile e santa. Approfittasti ?

Quando passa il Sacerdote dall'una all'altra parte per dire l'Epistola e il Vangelo.

Gesù entra in Gerusalemme. Vedilo, anima mia, non però applaudito, e riconosciuto per Re, ma guardato per un malfattore, e ricevuto con risa, e dispregj, con insulti, e villanie. Quanto è mai variabile il sentimento degli uomini ! Dall'allegrezza passano al furore, dalle lodi alle contumelie, dagli ossequj agli obbrobrj. E tu anima mia, confiderai negli uomini ? Impara a non istimare i loro giudizj..... Ma fissa di nuovo lo sguardo, ed osserva il tuo Gesù, che è strascinato con funi, e condotto per quegli infami tribunali, dov'ei viene accusato, e deriso, pesto e abbandonato. Che belle lezioni di silenzio e di perdono, di pazienza e di mortificazione ti dà Egli mai? Le intendi, anima mia? E quando le imparerai tu anima delicata, e vile? E quando con volontarie pene, o almeno con virtuosa sofferenza degli incomodi della vita castigherai, siccome devi, l'insolente e peccatrice tua carne? sempre peccati, non mai penitenza; sempre offese a' Dio, e non mai soddisfazione .... Eterno Padre, eccomi pronto a soffrire tutti i castighi, ad incontrare ogni dolore alla vista delle mie colpe, e occupato sempre nel pensiero del mio peccato: „ non mi abbandonate mio Dio, non vi allontanate da me „ (Psalm. 37.)

Quando il Sacerdote offre l'Ostia sino al Sanctus.

Ecco il mio Gesù legato alla colonna, dove vien flagellato barbaramente e coronato di spine. Chi può vederlo, e non piangere di tenerezza? O angeli del cielo, venite e vedete il Re della gloria com'egli sta strettamente legato, tutto coperto di piaghe, e col capo trafitto! Se non vi è permesso di liberarlo da tante pene, almeno venite meco a piangere per compassione . . . Eterno Padre, accogliete quest'Ostia immacolata in ringraziamento delle vostre infinite misericordie, onde mi avete ricolmato, ed in espiazione delle tante colpe, ch'io ho commesse contro di Voi. Signore abbiate pietà di me, provvedete alle mie necessità, e specialmente concedetemi la grazia finale. Son indegno è vero, di pregarvi, dopo che io stesso con tanti cattivi consensi il venerando capo del mio Gesù ho coronato di spine: ma io vi presento, o Divin Padre, i suoi meriti, e le aperte sue piaghe gridan per me; chiedon pietà, chiedon perdono.

Dal Sanctus *sino all'Elevazione.*

Su via, anima mia, muoviti a pietà del tuo Signore: non vedi con che dolce affetto abbraccia Gesù la Croce da tanto tempo desiderata! Quanto pesante gliela rendesti tu co'tuoi peccati! Ammira il suo affetto, e ringrazialo. Impara ancor tu ad abbracciar la croce con tale affetto. Non ti atterrisca il peso, non i giudizj degli uomini, non la confusione: se soffri con Gesù, con lui ancor regnerai.... Siegui, anima mia, il tuo Gesù condotto al Calvario. O spettacolo orrendo! o doloroso viaggio! il mio Gesù è condotto alla morte come un agnello al macello. Oh Dio! è egli in uno stato il più lagrimevole. Miralo tutto lacero di ferite, con quel fascio di spine sulla testa, con quel pesante legno sulle spalle. Vedilo come va col corpo curvo, con le ginocchia tremanti grondando sangue; e cammina con tanta pena, che par che ad ogni passo spiri l'anima! Anima mia, e tu nol soccorri? Va, stendi la mano, sollevalo dalle sue pene; conforta quel cuore afflitto. O Gesù mio, o mio affannato Signore, ora conosco sempre più il gran male che ho fatto peccando. Detesto sì le mie colpe, e le piango amaramente. Ah, che non vi avessi mai disgustato! Quanti disprezzi, quanti oltraggi, quanti dolori o Gesù mio, voi soffriste per me! Mi vergogno di aver per lo passato amati così gli onori ed i piaceri, che per essi sono arrivato tante volte a rinunziare alla vostra grazia, e al vostro amore; me ne pento assai, e risolvo di imitarvi, o mio buon Gesù.

Dall'Elevazione sino al Pater noster.

Ecco sollevato in alto il Redentor del mondo. Anima mia, mira il tuo Signore. Eccolo in croce; pende da quel patibolo infame, e se ne sta in mezzo ai più acerbi tormenti. Considera qui le sue pene. Ora Ei s'appoggia sulle mani, ora sui piedi; ma dove s'appoggia cresce lo spasimo. Va egli girando l'addolorato capo ora da una parte ora dall'altra; se l'abbandona sul petto, le mani col peso vengono più a squarciarsi; se l'abbassa sulle spalle, le spalle vengono trafitte dalle spine; se l'appoggia sulla croce, le spine entrano più addentro alla testa. Ah Gesù mio, che morte amara è questa, che voi fate per me! ... Quanto è mai liberale il mio Dio verso di me! quanto son io avaro verso di lui, che per tanto sangue non spargo neppure una lagrima! Mio Gesù Crocifisso, io vi adoro su questo trono d'ignominie e di pene, ed umiliato ed intenerito mi accosto a baciare i vostri santissimi Piedi trafitti per amor mio, mi abbraccio a questa Croce, in cui fatto voi vittima d'amore, voleste per me sacrificarvi alla divina giustizia: *factus obediens usque ad mortem, mortem autem crucis.* O felice ubbidienza che ottenne a noi il perdono dei peccati! E che ne sarebbe di me, o mio Signore, se voi non aveste data la vita per me? Vi ringrazio, Amor mio, e per li meriti di questa sublime ubbidienza vi prego a concedermi la grazia di ubbidire in tutto a coloro che stanno in luogo di Voi; e perdonar di cuore a coloro che m' hanno offeso. Desidero di non più disgustarvi, ma di amarvi con tutto il cuore, e di amarvi per sempre.

Dal Pater noster *sino al* Domine non sum dignus.

Ecco Gesù che alla fine sen muore. Miralo, anima mia, come già agonizzante sta tra gli ultimi respiri di sua vita. Mira quegli occhi moribondi, la faccia impallidita, il cuore che con languido moto va palpitando, il corpo che già si abbandona alla morte, e quell'anima bella, che già sta vicina a lasciare il lacero corpo. Già s'oscura il cielo, trema la terra, s'aprono i sepolcri; oimè che orrendi segni son questi! son segui, che già muore il Fattore del mondo. Accostati su, anima mia, a piè del santo legno, su cui è morto.... Accostati, e pensa che egli è morto per amor tuo. Chiedi quanto vuoi al tuo morto Signore, e tutto spera. Miralo pur su quella Croce, dove tutta la sua figura spira amore ed invita ad amarlo; il capo inchinato per darti il bacio di pace; le braccia stese per abbracciarti; il cuore aperto ad amarti. O Salvatore del

Mondo, o amabilissimo Gesù mio, io tutto mi abbandono nelle vostre mani, e mi offro a Voi. Ricevetemi, Gesù mio, nel vostro cuore amoroso, ed abbiate pietà di me, che sono così freddo in amarvi. Voi medicate le piaghe dell'anima mia, voi accendetemi col vostro amore, affinchè tutti i momenti che mi restano di vita io viva solo per amarvi e crescere nel vostro santo amore.

Dal Domine non sum dignus *sino alla Comunione.*

O mio Gesù, mio Dio, unico e sommo bene dell'anima mia, potessi anch'io avere la bella sorte di tante anime, che piene di purità, e di fede si accostano a voi divotamente e si pascono ogni dì alla vostra mensa di paradiso... Che vantaggio, e che consolazione per me, se a questo momento potessi anch' io col fervore dei Santi, o mio Signore, unirmi a Voi, possedervi in questo Sacramento d'amore, ed essere da voi posseduto per sempre... Deh! per i vostri meriti infiniti liberate me dalle colpe, di cui mi pento sinceramente, e fatemi degno di Voi. Così non sono degno no, non sono degno, o Signore, che voi entriate nel mio cuore. Ma dite una parola almeno, Gesù dolcissimo, e sarà santa l'anima mia. In voi confido, a Voi sospiro, Voi amo con tutto me. Gesù salvezza, speranza, amore, cibo mio soavissimo...

Dopo la Comunione.

Colle vostre purissime carni santificatemi .. Col sangue vostro preziosissimo fortificatemi... Coi meriti della vostra Passione salvatemi.

O Gesù ospite dolcissimo dell' anima mia.... che vi renderò mai per tanti beni , che ora mi avete fatti? Vi amerò, vi amerò, Signore, fortezza mia, ed osserverò i vostri comandamenti. Vi amerò , Gesù, delizia, virtù , beatitudine mia. Vi adoro con gli Angeli e coi Serafini più ardenti, e vi benedico, e vi ringrazio, e mi vi offro, e mi vi sacrifico pienamente, e con me tutti i miei vizi, principalmente quello che più mi domina.... consumateli nella vostra carità. Partecipatemi i vostri meriti, le vostre virtù, principalmente quella che più abbisogna . . . toglietemi il piacere del mondo, e delle terrene cose. Ravvivatemi nella fede, e nella speranza dei beni eterni. Accendetemi sempre più nella vostra carità. Deh! che il mio cuore sia immacolato nell' adempimento de' vostri precetti e de' miei doveri; sicchè nè oggi, nè mai più cada nell' ignominia del peccato, unito costantemente alla vostra volontà santissima, al vostro genio, a voi Gesù dolcissimo. Sia così. In voi voglio vivere, in voi morire. Ah! fossi pur adesso nella partecipazione dei vostri più dolci misteri, nel bacio della vostra più ardente carità, nella vostra che imploro santissima benedizione.

Dopo la Benedizione.

Eterno divin Padre, gradite questo santo sacrificio in attestato della mia servitù e sommissione alla vostra adorabile maestà, in ringraziamento delle vostre infinite misericordie, in soddisfazione de' miei peccati. Giovi un tanto sacrificio ancora a tutti i fedeli, ed alle povere anime del Purgatorio. O Signore, aumentate in me le vostre grazie ai bisogni miei opportune, e non mi abbandonate. Protesto alla presenza del cielo, e della terra che sono pronto a dare la vita piuttosto che offendervi: voi però siate meco, e così cammini sicuro per quella via che a voi mi conduce. Mio Dio ajutatemi.

ATTI PER LA CONFESSIONE E COMUNIONE

APPARECCHIO ALLA CONFESSIONE

Prima di confessarsi si raccomandi di cuore a Dio per ottenere lume a conoscere i suoi peccati e la loro gravezza, e vivo sentimento di dolore per detestarli e fare un fermo proposito di non peccare mai più. Interponga la mediazione di Maria SS., del suo Angelo Custode, e dei Santi Avvocati con un Pater, Ave, Gloria.

Per l'esame veda i Comandamenti di Dio, e della Chiesa posti in fine nella Dottrina , e gli obblighi del proprio stato accusandosi delle mancanze in pensieri, parole, opere, ed omissioni. Indi dirà:

O Dio d'infinita maestà, ecco ai piedi vostri il traditore che vi ha tornato ad offendere, ma ora umiliato vi cerca perdono: Signore, non mi discacciate. Voi non disprezzate un cuore che s'umilia. *Cor contritum et humiliatum Deus non despicies.* Psal. 50. Vi ringrazio che mi avete aspettato sino a questo punto e non mi avete fatto morire in peccato, mandandomi all'inferno, come io meritava. Spero, Dio mio, mentre m'avete aspettato, che per i meriti di G. C. mi perdoniate in questa confessione tutte le offese che v'ho fatte; delle quali perchè mi ho meritato l' Inferno, e perduto il Paradiso, me ne pento ed addoloro. Ma sopra tutto non tanto per l'Inferno meritato, quanto perchè ho offeso Voi bontà infinita me ne dispiace con tutta l'anima mia. Io v'amo, o sommo Bene, e perchè v'amo, mi dolgo di tutte le ingiurie che vi ho fatte. Io v'ho voltate le spalle, v'ho perduto di rispetto, ho disprezzata la vostra amicizia; in somma, Signore, volontariamente io v' ho perduto; perdonatemi per amor di Gesù Cristo tutti i peccati miei, mentre io me ne pento con tutto il cuore, e li odio, li detesto, e li abomino sopra ogni male. E mi pento non solo dei peccati mortali, ma anche de'veniali, perchè ancora questi sono stati di vostro disgusto. Propongo per l'avvenire colla grazia vostra di non offendervi più volontariamente. Sì, mio Dio, prima morire che mai più peccare.

E se si è confessato di qualche peccato in cui è recidivo, è bene che faccia il proposito particolare di non cadervi più con promettere di fuggire l'occasione, e pigliare i mezzi dati dal Confessore, o che egli stesso giudica più efficaci per emendarsi.

Dopo la Confessione.

CAro mio Gesù, quanto vi sono obbligato. Per i meriti del vostro Sangue, spero questa mattina di essere stato già perdonato. Ve ne ringrazio sommamente. Spero di venire in Cielo a lodare per sempre le vostre misericordie. Dio mio, se sinora tante volte v'ho perduto, io non vi voglio perder più. Da oggi avanti voglio mutar vita veramente. Voi meritate tutto il mio amore, io vi voglio amare davero: non voglio vedermi più separato da Voi. Io già vi ho promesso, ora vi torno a prometter e di volere prima morire che più offendervi. Vi prometto ancora di fuggire l'occasioni, e di prendere il tal mezzo (*determini quale*) per più non cadere. Ma, Gesù mio, Voi sapete la mia debolezza; datemi forza di esservi fedele sino alla morte. Maria Santissima ajutatemi: Voi siete la Madre della perseveranza, in Voi stanno le speranze mie.

Apparecchio alla Comunione.

Non v'è mezzo più efficace per liberarsi da' peccati e per avanzarsi nel divino amore che la S. Comunione. Ma perchè alcune anime con tante comunioni si trovano cogli stessi difetti? Ciò avviene per la poca disposizione e poco apparecchio che vi portano. Due cose per questo apparecchio son necessarie, la prima è toglier dal cuore quegli affetti che sono d'impedimento all'amor divino; la seconda è aver gran desiderio di amare Iddio. E questa, dice s. Francesco di Sales, ha da esser la principale intenzione nel comunicarsi, di crescere nel divino amore. Solo per amore (dice il Santo) dee riceversi un Dio che per solo amore a noi si dona. *Perciò si facciano i seguenti atti.*

ATTI AVANTI LA SANTA COMUNIONE

Atto di fede.

Ecce iste venit saliens in montibus, transiliens colles. Cant. 2. 8.

AH mio amabilissimo Salvatore, Voi per venire ad unirvi

con me per mezzo di questo Santissimo Sacramento, deh! quanti monti difficili, ed aspri avete dovuto sormontare. Doveste Voi passare da Dio a farvi uomo: da immenso a farvi servo: dal seno dell'Eterno Padre nel seno di una Vergine: dal Cielo in una stalla: dal trono della gloria sopra un patibolo d'infamia; e questa mattina Voi stesso dovete passare dalla sede celeste ad abitare dentro il petto mio. Che gran bontà è la vostra!

En ipse stat post parietem nostrum respiciens per fenestras prospiciens per cancellos. Cantic. 2. 9. Ecco, anima mia, che il tuo amato Gesù ardendo al presente dello stesso amore, con cui ti amò sulla Croce morendo per te, sta ora nascosto sotto le specie del Santissimo Sacramento, e che sta facendo? *Prospiciens per cancellos*: qual amante appassionato, desideroso di vedersi corrisposto, di dentro l'ostia consacrata, come di dentro chiusi cancelli, per cui guarda, e non è guardato, sta osservando te, che vai questa mattina a cibarti delle sue carni divine, osservando a che pensi, che ami, che desideri, che cerchi, e quali offerte vai a presentargli.

Via su, anima mia, apparecchiati a ricevere Gesù Sacramentato. Ravviva la fede, e digli: dunque, mio amato Redentore, fra pochi momenti Voi avete da venire in me? Oh Dio nascosto, e sconosciuto dalla maggior parte degli uomini, io vi credo, vi confesso presente in questo Santissimo Sacramento, come mio Signore, e Salvatore, e come tale vi adoro profondamente: che anzi per confessare questa stessa verità volentieri darei la vita mia. Voi dunque venite per arricchirmi delle vostre grazie, per unirvi tutto a me? Quanta dunque deve essere la mia confidenza in questa vostra venuta così amorosa!

Atto di Confidenza.

ANima mia, allarga il cuore, il tuo Gesù può farti ogni bene e ti ama assai: spera dunque gran cose da questo tuo Signore, che spinto dall'amore, tutto amore a te viene. Sì, caro mio Gesù, speranza mia, io confido nella vostra bontà, confido che Voi stesso in questa mattina, accenderete nel mio povero cuore la bella fiamma del vostro puro amore, e di un vero desiderio di darvi gusto, acciocchè io da oggi avanti altro non voglia se non quello solo che volete Voi.

Atto di Amore.

AH mio Dio, Dio mio, vero ed unico amante dell'anima mia, vera ed unica bontà, e che far più potevate per essere amato da me? Non vi è bastato, o Signor mio, il morire per me; ma avete voluto istituire questo gran Sacramento, per donarvi tutto ed unirvi cuore a cuore con una creatura così schifosa, ed ingrata come son io. E quel che è più, voi stesso m'invitate a ricevervi, e tanto desiderate che io vi riceva. Oh amore immenso, amore incomprensibile, amore infinito! Un Dio vuol darsi tutto a me.

Anima mia, lo credi, e che fai? che dici? Oh Dio amabile, infinito, unico oggetto degno di tutti gli amori, io vi amo con tutto il cuore, vi amo sopra ogni cosa, vi amo più di me stesso, più della vita mia. Oh! potessi vedervi da tutti amato. Oh! potessi farvi amare da tutti i cuori quanto voi meritate. Io vi amo, o Dio amabilissimo, unisco il misero mio cuore in amarvi ai cuori de'Serafini, al vostro cuore stesso, o Gesù mio, col quale vi adoro umilmente. Sicchè vi amo, o bontà infinita, coll'amore con cui vi amano gli Angeli tutti del Cielo, con cui vi ama la vostra dilettissima Madre Maria, coll' amore con cui Voi, o Gesù mio, amate Voi stesso, e vi amo solo perchè ne siete degno, per darvi gusto. Uscite dal cuor mio affetti terreni, voi che non siete per Iddio. Madre del bell'amore, Maria Santissima, ajutatemi Voi ad amare quel Dio che tanto voi amate, e tanto bramate di vedere amato.

Atto di Umiltà.

DUnque, anima mia, già tu vai a cibarti delle carni sacrosante di Gesù Cristo? E ne sei degna? Dio mio, e chi son'io? E chi siete Voi? Io so bene e confesso chi siete Voi, che a me vi donate; e ben sapete Voi chi sono io, che vengo a ricevervi.

Come è dunque possibile, o Gesù mio, che Voi purità infinita abbiate desiderio di venire ad alloggiare in quest'anima mia, ch'è stata tante volte ricetto del vostro nemico, e lordata da tanti peccati? Io conosco, o mio Signore, la vostra gran Maestà, e la miseria mia, mi vergogno di comparirvi davanti. Vorrei scostarmi da Voi per riverenza, ma se da Voi mi allontano, o vita mia, dove vado? A chi ricorro? Che ne sarà di me? No, che non voglio mai scostarmi da Voi: anzi mi ci voglio sempre più avvicinare. Voi vi contentate, che io vi riceva in cibo, e di più a ciò m' invitate. Vengo dunque, o mio amabile Salvatore, vengo a ricevervi questa mattina umiliato, contrito, e confuso per i peccati commessi, ma pieno di confidenza nella vostra pietà e nell'amore che mi portate.

Atto di Dolore.

QUanto mi rincresce, o Dio dell'anima mia, di non avervi amato per lo passato, di avere invece di amarvi, per contentare i gusti miei, offesa tanto e disgustata la bontà vostra infinita; di avervi voltate le spalle; di aver disprezzata la vostra grazia ed amicizia, in somma, o Dio mio, di aver io infelice cambiato voi per un nulla! Signore io me ne pento, me ne dispiace con tutto il cuore. Odio sopra ogni mio male le offese che vi ho fatte, sì gravi che leggiere, perchè con esse ho offeso voi bontà infinita. Io spero che voi giá mi abbiate perdonato, ma se non mi avete ancora perdonato perdonatemi ora, Gesù mio, prima che io vi riceva: lavate col vostro Sangue prezioso quest'anima mia, dove volete venire tra breve ad abitare.

Atto di Desiderio.

ORsù, anima mia, è giunta l'ora beata, nella quale il tuo Gesù ha da venire a ricettarsi nel tuo povero cuore. Ecco il Re del Cielo, ecco il tuo redentore e Dio che a te già viene. Apparecchiati a riceverlo con amore. Chiamalo su col desiderio. Vieni, o Gesù mio, vieni all'anima mia che ti desidera. Prima che voi vi doniate a me, io voglio donarvi e vi dono il mio misero cuore; accettatelo voi e venite presto a pigliarne il possesso.

Venite, o mio Dio, presto, non più tardate, unico ed infinito mio paradiso, mio tutto, io vorrei ricevervi con quell'amore, con cui vi hanno ricevuto le anime più sante, e più amanti, con cui vi riceveva Maria Santissima. Io alle loro comunioni unisco anche questa mia.

Santissima Vergine e Madre mia Maria, ecco, che io già mi accosto a ricevere il vostro Figlio, vorrei avere il vostro cuore e il vostro amore, col quale voi vi comunicavate. Datemi questa mattina il vostro Gesù, come lo deste ai pastori ed a'santi Magi. Io dalle vostre purissime mani intendo di riceverlo. Ditegli ch'io son vostro servo e divoto, che così egli mi guarderà con occhio più amoroso, e più seco mi stringerà, ora che viene.

Ringraziamento dopo la Comunione.

IL tempo dopo la Comunione è tempo prezioso da guadagnare tesori di grazie; poichè gli atti, e le preghiere allora, stando l'anima unita con Gesù Cristo, hanno altro merito, e valore, che fatti in altro tempo. Scrive S. Teresa, che il Signore sta allora nell'anima, come in trono di misericordia, e le dice: Figlia, cercami quel che tu vuoi, a questo fine Io sono venuto in te, per farti bene. Ah! quali favori speciali ricevono quelli, che si trattengono a parlare con G. C. dopo la Comunione. Il Ven. P. M. Avila dopo la Comunione non lasciava mai di trattenersi due ore in orazione. San Luigi Gonzaga impiegava tre giorni a ringraziare Gesù Cristo. Faccia dunque la persona i seguenti atti, e procuri in tutto il resto del giorno di seguire con affetti e preghiere a mantenersi unita con Gesù che la mattina ha ricevuto.

ATTI DOPO LA COMUNIONE

Atto di Fede.

ECco è già venuto il mio Dio a visitarmi, il mio Salvatore ad abitare nell'anima mia. Già il mio Gesù si trova dentro di me. Egli è venuto a farsi mio, ed insieme a farmi suo, sicchè Gesù è mio, ed io sono di Gesù; Gesù è tutto mio, io sono tutto suo.

Oh bontà infinita! Oh misericordia infinita! Oh amore infinito! Un Dio viene ad unirsi con me, e a farsi tutto mio! Anima mia, ora che sei così stretta con Gesù, che fai, non gli dici niente? Non parli col tuo Dio, che sta insieme con te? Su via ravviva la fede di nuovo, pensa che gli angeli ti stanno d'intorno adorando il loro Dio, che sta dentro di te. Caccia ogni altro pensiero, ed unisci tutti gli affetti del tuo cuore. Stringiti col tuo Dio, e digli.

Atto di Accoglienza.

AH mio Gesù, mio amore, mio bene infinito, mio tutto, siate sempre il ben venuto nella povera casa dell'anima mia. Ah mio

Signore, dove siete arrivato? In questo cuor mio, peggior della stalla dove nasceste, pieno di attacchi, di amor proprio e di appetiti disordinati. E come siete venuto ad abitarvi? Vorrei dirvi con s. Pietro: *Exi a me, quia homo peccator sum.* Allontanatevi Signore da me, che sono troppo indegno d'albergare un Dio d'infinita bontà. Riposate in quell' anime pure, che vi servono con santo amore. Ma no, mio Redentore, che dico? non vi partite da me, perchè se Voi vi partite io sono perduto; io vi abbraccio, vita mia, a Voi mi stringo. Troppo pazzo io sono stato essendomi da voi diviso per amor delle creature: ingrato da me vi cacciai.

Ora non voglio più separarmi da voi, tesoro mio: io voglio sempre vivere, e morire a Voi unito.

Maria Santissima, Serafini, anime tutte, voi che amate Dio con puro amore, impetratemi i vostri affetti, acciocchè io faccia buona compagnia al mio amato Signore.

Atto di Ringraziamento.

Mio buon Signore, io vi ringrazio della grazia, che mi avete fatta questa mattina di venire ad abitare nell'anima mia, ma vorrei farvi un ringraziamento degno di Voi e del gran favore a me fatto. Ma oh Dio, qual degno ringraziamento posso farvi io miserabile?

Dice il P. Segneri, che l'affetto più proprio d'un'anima che si comunica è lo stupore nel pensare e dire: *Un Dio a me! Un Dio a me!* Davidde dicea: *Quid retribuam Domino pro omnibus quae retribuit mihi?* Ma io che renderò a Voi, mio Gesù, che dopo avermi donati tanti vostri beni, mi avete donato questa mattina anche Voi stesso? Benedici dunque, anima mia, e ringrazia, come meglio sai, il tuo Dio. E voi, Madre mia, Santi avvocati, Angelo mio custode, anime tutte che siete innamorate di Dio, *venite, audite, et narrabo, omnes qui timetis Deum, quanta fecit animae meae.* Venite a benedire, e ringraziare il mio Dio per me, ammirando, e lodando le grazie troppo grandi che mi ha fatte.

Atto di Offerta.

Dilectus meus mihi et ego illi.
Cant. 2. 16.

SE un Re viene a visitare un povero pastorello dentro la sua mandra, che altro può offerirgli il pastorello, che tutta la sua mandra qual'è? Giacchè dunque, o divino mio Re Gesù, siete venuto a visitare la povera casa dell'anima mia, io vi offerisco e dono la casa, e tutto me stesso, colla mia libertà, e volontà. *Dilectus meus mihi, et ego illi.* Voi vi siete dato tutto a me, io mi do tutto a Voi. Io non voglio, o mio Gesù, essere più mio, da oggi avanti voglio essere vostro, e tutto vostro. Sian vostri i sensi miei, acciocchè mi servano solo per dar gusto a voi. E qual maggior gusto si può avere, dice s.Pietro d'Alcantara, che il dar gusto a Voi, Dio amabilissimo, amorosissimo, e gratissimo? Io vi dono insieme tutte le mie potenze, e voglio, che tutte sien vostre. Non voglio che la memoria mi serva ad altro, che a ricordarmi de' vostri beneficj, e del vostro amore. L' intelletto non mi serva che a pensare solo a Voi che sempre pensate al bene mio. E la volontà mi serva solamente ad amar Voi solo mio Dio, mio tutto, e a voler solo quel che volete Voi.

Vi consacro dunque, e vi sacrifico, mio dolcissimo Salvatore, questa mattina tutto quanto ho, e quanto sono, i miei sensi, i miei pensieri, i miei affetti, i miei desiderj, i miei gusti, le mie inclinazioni, la mia libertà, in somma nelle vostre mani io consegno tutto il mio corpo, e l'anima mia.

Accettate, o Maestà infinita, il sacrificio che vi fa di se stesso il peccatore più ingrato, che avete avuto sulla terra per lo passato, ma che ora si offerisce, e si dona tutto a Voi. Fate, o Signore in me, e disponete di me come più vi piace.

Venite, o fuoco consumatore, o amore divino, e consumate in me tutto quello ch'è mio, e non piace agli occhi vostri purissimi, acciocchè io da oggi innanzi sia tutto vostro, e viva solamente per eseguire non solo i vostri precetti, ma anche i vostri desiderj, e il vostro maggior gusto. Amen.

O Maria Santissima, presentate Voi colle vostre mani alla Santissima Trinità questa mia offerta, ed ottenetemi Voi che l' accetti, e mi doni la grazia di esser fedele sino alla morte. Amen.

Atto di Petizione.

ANima mia, ora puoi ricevere tutte le grazie che dimandi. Non vedi l'Eterno Padre, che ti sta amorosamente guardando, vedendo dentro di te il suo amore? Discaccia ora tutti gli altri pensieri, ravviva la fede, allarga il cuore, e domanda quanto vuoi.

Non senti Gesù medesimo, che ti dice: *Quid vis, ut tibi faciam?* Anima, dì, che vuoi da me? Io son venuto a posta per arricchirti, e contentarti: domanda con confidenza, ed avrai quanto desideri.

Ah mio dolcissimo Salvatore, giacchè voi siete venuto in me per farmi grazie, e desiderate ch' io ve le dimandi: io non ricerco beni di terra, non ricchezze, non onori, non piaceri, donatemi, io vi prego, un gran dolore de' disgusti, che vi ho dati. Datemi una gran luce, che mi faccia conoscere la vanità di questo mondo, e il merito, che Voi avete di essere amato. Cambiatemi questo cuore, e distaccatelo da tutti gli affetti di terra, e donatemi un cuore tutto uniforme alla vostra volontà, che non cerchi altro che il vostro maggior compiacimento, e che non aspiri ad altro, che al vostro santo amore. *Cor mundum crea in me Deus.* Io non merito questo, ma lo meritate Voi, o Gesù mio, giacchè siete venuto ad alloggiare nell' anima mia; io ve lo domando per i meriti vostri, e della vostra Santissima Madre, e per l'amore che portate al vostro Eterno Padre.

Quì fermatevi a cercare a Gesù qualche altra grazia particolare e per voi e per i prossimi, e non vi scordate de'peccatori, dell'anime del Purgatorio, e di chi ha fatto questo libretto.

Eterno Padre, Gesù Cristo medesimo vostro Figlio ci ha promesso, che Voi ci darete ciò che vi cercheremo in nome suo. *Amen, amen dico vobis, si quid petieritis Patrem in nomine meo, dabit vobis.* Per amor dunque di questo Figlio, che io tengo nel mio petto, esauditemi Voi, e donatemi quello, che domando.

ORAZIONE AL SS. CROCIFISSO

Da recitarsi innanzi a qualunque sua immagine.

ECcomi, o mio amato e buon Gesù, che alla santissima vostra presenza prostrato vi prego col fervore più vivo a stampare nel mio cuore sentimenti di Fede, di Speranza, di Carità, e di Dolore de'miei peccati, e di proponimento di non più offendervi, mentre io con tutto l'amore e con tutta la compassione vado considerando le vostre cinque piaghe, cominciando da ciò che disse di Voi, o mio Dio, il Santo profeta David: *Foderunt manus meas, et pedes meos, dinumeraverunt omnia ossa mea.*

Indulgenza Plenaria a chi confessato e comunicato prega per la S. Chiesa, e recita la sud. orazione avanti un' Immagine del Crocifisso.

Atti da farsi nel visitare il SS. Sacramento.

Signor mio Gesù Cristo, che per l'amore che portate agli uomini, ve ne state notte e giorno in questo Sacramento tutto pieno di pietà, e di amore, aspettando, chiamando, ed accogliendo tutti coloro che vengono a visitarvi; io vi credo presente nel Sacramento dell'Altare, vi adoro dall'abisso del mio niente, e vi ringrazio di quante grazie mi avete fatto, specialmente di avermi donato Voi stesso in questo Sacramento, di avermi data per avvocata Maria vostra Madre, e d'avermi chiamato a visitarvi in questa Chiesa. Io saluto oggi il vostro amantissimo cuore, ed intendo salutarlo per tre fini. Primo in ringraziamento di questo gran dono. Secondo per compensarvi tutte le ingiurie, che avete ricevuto in questo Sacramento da tutti gl'infedeli, eretici, e mali cattolici. Terzo, intendo con questa visita adorarvi in tutti i luoghi della terra dove Voi sacramentato ve ne state meno riverito, e più abbandonato. Gesù mio, io vi amo con tutto il mio cuore, mi pento di avere per lo passato tante volte disgustata la vostra bontà infinita, propongo colla grazia vostra di più non offendervi per l'avvenire, e al presente miserabile qual sono, io mi consacro tutto a Voi, vi dono e rinunzio tutta la mia volontà, gli affetti, i desiderj, e tutte le cose mie. Da oggi avanti fate Voi di me, e delle mie cose tutto quello che vi piace. Solo vi cerco, e voglio il vostro santo amore, la perseveranza finale, e l'adempimento perfetto della vostra volontà. Vi raccomando le Anime del Purgatorio, e specialmente le più divote del SS. Sacramento, e di Maria Santissima. Vi raccomando tutt'i poveri peccatori. Unisco in fine, Salvator mio caro, tutti gli affetti miei cogli affetti del vostro amorosissimo Cuore, e così uniti li offerisco al vostro Eterno Padre, e lo prego in nome vostro, che per vostro amore gli accetti, e gli esaudisca.

ESERCIZIO SAGRO

Al Divin Cuore di Gesù.

PRELUDIO.

PEr accendere ogni Cristiano ad onorare il Sagro Cuore di Gesù, e procurare la propagazione di questa santa divozione, si riferisce ciò che disse Gesù Cristo nelle varie apparizioni che fece alla V. M. Margherita Alacoque. *Il mio cuore, o figlia, non ne può più pel desiderio di comunicarsi alle anime: ajutami tu, mia cara figlia, ad alleggerirmi un tanto fuoco. Pubblica, e fa che si pubblichi per tutto il mondo, che io non metterò più misura alcuna alle mie grazie per quelle anime, che verranno a cercarle in questo mio Cuore*: e un' altra volta apparendole le disse. *Il mio Cuore vuole manifestarsi agli uomini per arricchirli con quei preziosi tesori, che racchiudono grazie santificanti valevoli a ritirarli dalla loro perdizione ... Il mio divin Salvatore mi ha fatto intendere*, dice la suddetta, *che chi si affatica per la salvezza delle anime avrà l' arte di muovere i cuori più induriti, e si affaticherà con maraviglioso profitto, se nutrirà egli stesso una tenera divozione al suo Cuore.* 1. 6. 90.

Grazie anche temporali. *Per ciò che riguarda le persone seco-*

lari troveranno con questo mezzo tutti i soccorsi necessarj al loro stato, la pace nella famiglia, il sollievo delle fatiche, e le benedizioni del Cielo nelle loro intraprese. Ivi grazie per tutto il tempo della vita, e specialmente in punto di morte. Ma che dico grazie: *Io ti prometto*, son voci di Gesù alla sua Serva, *Io ti prometto, che a chiunque professerà divozione al mio Ssmo Cuore verserò in seno ogni grazia, ma sopr attutto a quelli, che procureranno l'avvanzamento nella divozione al divin Cuore.*

Già ogni giorno all' alba, al mezzodì, alla sera sogliamo al segno della campana recitare l'*Angelus Domini*, or bene uniti allora tutti all' Amore del divin Cuore diciamo:

O divin Cuor, ch'ardi per noi d'amore,

Fa, che per Te d' amore arda ogni cuore.

CORONCINA

AD ONORE DEL DIVIN CUORE DI GESU'

Deus in Adjutorium etc.

I. AMorosissimo mio Gesù, al riflettere sul vostro buon Cuore e vederlo tutto pietà, e dolcezza pei peccatori mi sento rallegrare il mio e colmar di fiducia di esser da Voi ben accolto. Ahimè quanti peccati ho commesso! Ma ora qual Pietro, qual Maddalena dolente li piango, e detesto, perchè sono offesa di voi sommo Bene. Sì, sì, concedetemene il perdono; ed oh muoja io, vel chieggo pel vostro buon Cuore, muoja, prima che offendervi, e certo viva sol per riamarvi.

Recitate un Pater e cinque Gloria ad onore delle cinque Piaghe, e del divin Cuore.

Dolce Cuor del mio Gesù
Fa ch'io t'ami sempre più.

E così direte infine d'ogni posta

II. Benedico, Gesù mio, l'umilissimo vostro Cuore, e vi ringrazio, che nel darmelo per esemplare, non solo con forti premure mi incitate ad imitarlo, ma a costo pur di tante vostre umiliazioni me ne additate, ed appianate la via. Folle che fui ed ingrato! Ah quanto traviai! perdonatemi. Non più superbia; ma con umil cuore tra umiliazioni seguir voglio Voi, e conseguir pace, e salute. Avvaloratemi voi e benedirò in eterno il vostro Cuore.

Un Pater, cinque Gloria.

Dolce Cuor ec.

III. Ammiro Gesù mio, il pazientissimo vostro Cuore, e vi ringrazio di tanti maravigliosi esempj d'invitta sofferenza a noi lasciati. Mi dispiace che indarno mi rimproverano la strana mia delicatezza insofferente d'ogni piccola pena. Ah Gesù caro! Infondete nel mio cuore fervido costante amore alle tribolazioni, alle croci, alla mortificazione, alla penitenza, acciocchè seguendovi al Calvario, giunga con voi alla gloria, alla gioja in Paradiso.

Un Pater, e cinque Gloria.

Dolce Cuor ec.

IV. Innanzi al mansuetissimo vostro cuore, caro Gesù, io m'inorridisco del mio sì diverso dal Vostro. Pur troppo io a un'ombra, a un gesto, a una parola in contrario mi inquieto, e lamento. Deh perdonate i miei trasporti, e datemi grazia d'imitar nell'avvenire in qualunque contrarietà l'inalterabile vostra mansuetudine, e così godere perpetua santa pace.

Un Pater, cinque Gloria.

Dolce Cuor ec.

V. Si cantino pur lodi, o Gesú, al generosissimo vostro Cuore, vincitor della morte, e dell'Inferno, ben se le merita tutte. Io resto più che mai confuso al vedere il mio sì pusillanime, che teme di qualunque diceria, e umano rispetto, ma non sarà più così. Dà voi ne imploro sì coraggiosa forza che combattendo e vincendo in terra, trionfi poi lieto con Voi in Cielo.

Un Pater, cinque Gloria.

Dolce Cuor ec.

Volgetevi a Maria, consagrandovi vieppiù a Lei, e confidando nel materno suo Cuore ditele:

Per gli alti pregi del vostro Cuore dolcissimo impetratemi, o gran Madre di Dio e Madre mia Maria, vera e stabile divozione al sagro Cuore di Gesù vostro Figliuolo, onde io in esso co' miei pensieri ed affetti racchiuso, adempia tutti i miei doveri, e con alacrità di cuore serva sempre, ma specialmente in questo giorno, a Gesù.

INDULGENZE

La S.ᵗ M. di Papa Pio VII. con decreto Urbis et Orbis si è degnata concedere in perpetuo a tutti i Fedeli che con cuore almeno contrito reciteranno le suddette Preghiere in onore del sagro Cuore di Gesù l'Indulgenza di 300 giorni, e l'Indulgenza Plenaria una volta il mese a tutti quei, che almeno una volta il giorno avranno fatta la detta recita, da conseguirsi in un giorno di esso mese ad arbitrio, in cui confessati e communicati pregheranno per qualche spazio di tempo secondo la mente della Santità Sua; con facoltà d'applicare le sud. Indulgenze anche in suffragio de' Defonti.

SETTE OFFERTE

Del sangue preziosissimo di Gesù Cristo da farsi all'Eterno Padre.

ETerno Padre io vi offro i meriti del Sangue preziosissimo di Gesù vostro diletto Figlio, e mio Redentore Divino per la propagazione, ed esaltazione della mia cara Madre la Chiesa, per la conservazione e prosperità del Capo visibile il Vicario di G. C. per i Cardinali, Vescovi, e Pastori di anime, e per tutti i Ministri del Santuario.

Quindi si dice un Gloria Patri etc. *e poi la Giaculatoria.*

Sia sempre benedetto, e ringraziato Gesù, che col suo Sangue ci ha salvato.

Intendendo con questa di dare un compenso al nostro Salvatore Divino di tutti gli oltraggi, che egli riceve nel suo prezioso Sangue nostra Mercede, e Riscatto.

II. Eterno Padre io vi offro i meriti del Sangue preziosissimo di Gesù vostro diletto figlio, e mio Redentore Divino per la pace, e concordia de'Re, e de'Principi Cattolici, per l' umiliazione dei nemici della Santa Fede, e per la Felicità del Popolo Cristiano.

Un Gloria ec. Sia sempre benedetto ec. *come sopra.*

III. Eterno Padre io vi offro i meriti del Sangue preziosissimo di Gesù vostro diletto Figlio, e mio Redentore Divino per l' estirpazione di tutte l' Eresie, e per la conversione de' poveri Peccatori.

Un Gloria ec. Sia sempre benedetto ec. *come sopra*.

IV. Eterno Padre io vi offro i meriti del Sangue preziosissimo di Gesù vostro diletto Figlio, e mio Redentore Divino per tutti i miei Parenti, Amici, e Nemici, per gl'Infermi, Tribolati, e per tutti quelli per cui sapete, che io debbo pregare, e volete, che io preghi.

Un Gloria ec. Sia sempre benedetto ec. *come sopra*.

V. Eterno Padre io vi offro i meriti del Sangue Preziosissimo di Gesù vostro diletto Figlio, e mio Redentore Divino per tutti quelli, che in quest'oggi passeranno all'altra vita, acciò li liberiate dalle pene dell'Inferno, e l'ammettiate colla maggior sollecitudine al possesso della Gloria vostra.

Un Gloria ec. Sia sempre benedetto ec. *come sopra.*

VI. Eterno Padre io vi offro i meriti del Sangue preziosissimo di Gesù vostro diletto Figlio, e mio Redentore Divino per tutti quelli, che sono amanti di sì gran tesoro, per quelli che sono uniti con me nell'adorare ed onorare il medesimo divin Sangue, e per quelli in fine, che travagliano nel propagarne la Divozione.

Un Gloria ec. Sia sempre benedetto ec. *come sopra.*

VII. Eterno Padre io vi offro i meriti del Sangue Preziosissimo di Gesù vostro diletto Figlio, e mio Redentore Divino per tutti i miei bisogni spirituali, e temporali, in suffragio delle povere Anime del Purgatorio, e specialmente di quelle che sono state più devote del prezzo della nostra Redenzione, e dei dolori e delle pene della vostra cara Madre Maria Santissima.

Un Gloria ec. Sia sempre benedetto ec. *come sopra.*

Viva il Sangue di Gesù adesso, e sempre, per tutti i secoli de' secoli. Amen.

Si preghi per i propagatori di sì interessante divozione.

Atti da farsi nel visitare Maria SS. in qualche sua Immagine.

SAntissima Vergine Immacolata e Madre mia Maria, a Voi che siete la Madre del mio Signore, la regina del mondo, l'avvocata, la speranza, il rifugio de' peccatori, ricorro ogg'io che sono il più miserabile di tutti. Vi adoro, o gran Regina, e vi ringrazio di quante grazie mi avete fatte finora, specialmente di avermi liberato dall' Inferno tante volte da me meritato. Io v'amo, Signora amabilissima, e per l'amor, che vi porto, vi prometto di volervi sempre servire, e di far quanto posso, acciocchè siate amata ancora dagli altri. Io ripongo in Voi tutta la mia salute, accettatemi per vostro servo, ed accoglietemi sotto il vostro manto, Voi Madre di Misericordia. E giacchè siete così potente con Dio, Voi liberatemi da tutte le tentazioni, oppure ottenetemi forza di vincerle sino alla morte. A Voi domando il vero amore a Gesù Cristo. Da Voi spero di fare una buona morte. Madre mia, per l'amore, che portate a Dio vi prego ad ajutarmi sempre, ma più nell' ultimo punto della vita mia. Non mi lasciate fintanto che non mi vedete già salvo in Cielo a benedirvi, ed a cantare le vostre misericordie per tutta l'eternità. Amen. Così spero, così sia.

PREGHIERE A MARIA SS.

PER OGNI GIORNO DELLA SETTIMANA.

Orazione a Maria SS. per ottenere il perdono de' peccati.

PEL LUNEDÌ.

ECco, Madre di Dio, ai piedi vostri un misero peccatore, che a voi ricorre, e in voi confida. O Madre di misericordia, abbiate pietà di me. Io sento chiamarvi da tutti il rifugio e la speranza de' peccatori, dunque voi siete il rifugio e la speranza mia, voi colla vostra intercessione mi avete da salvare. Soccorretemi per amor di Gesù Cristo, date la mano ad un misero caduto, che a voi si raccomanda. Io so che voi vi consolate in ajutare un peccatore quando potete: ajutatemi. Io co' miei peccati ho perduta la divina grazia, e l'anima mia. Ora mi metto nelle vostre mani; ditemi, che ho da fare per ritornare nella grazia del mio Signore, che io tutto voglio fare. A Voi dunque ricorro: Voi che pregate per tanti altri, pregate ancora per me; ditegli che mi perdoni, ed Egli mi perdonerà; ditegli che desiderate la mia salute, ed Egli mi salverà. Fate conoscere il bene, che sapete fare a chi confida in Voi. Amen, così spero, e così sia.

Orazione a Maria SS. per impetrare la santa perseveranza

PEL MARTEDÌ.

O Regina del Cielo, io mi dedico per vostro servo perpetuo, e mi offerisco a servirvi per tutta la mia vita, accettatemi voi, e non mi rifiutate, come io merito. O Madre mia, io in voi ho collocate tutte le mie speranze. Benedico e ringrazio Iddio che per sua misericordia mi ha donata questa confidenza in Voi, che io tengo per una gran caparra della mia salute. Ah! che per lo passato io misero son caduto, perchè non sono ricorso a Voi. Ora spero per i meriti di Gesù Cristo, e per le vostre preghiere, d'essere stato perdonato. Ma posso tornare a perdere la divina grazia: Signora mia, proteggetemi, non permettete, che io abbia di nuovo ad essere schiavo dell' Inferno. Ajutatemi sempre. Io so che mi ajuterete e vincerò col vostro ajuto, se a Voi mi raccomando; ma di questo temo, temo che nelle occasioni di cadere io abbia a lasciar di chiamarvi, e così mi perda. Questa grazia dunque vi cerco, ottenetemi che io negli assalti dell'inferno sempre ricorra a Voi dicendo: Maria ajutatemi: Maria mamma mia, non permettete che io perda Dio.

Orazione a Maria SS. per impetrare la buona morte.

PEL MERCOLDÌ.

O Maria, quale sarà la morte mia? Io da ora considerando i miei peccati e pensando a quel gran momento, quando dovrò spirare, ed essere giudicato, tremo e mi confondo. O madre mia, nel sangue di Gesù Cristo e nella vostra intercessione stanno le mie speranze. O consolatrice degli afflitti, non mi abbandonate allora, non lasciate di consolarmi in quella grande afflizione. Se Voi non mi ajutate, sarò perduto. Ah! Signora mia, prima che giunga la mia morte, impetratemi un gran dolore de' miei peccati, una vera emenda, e fedeltà a Dio nella vita che mi resta. E quando poi arriverò nell' ultimo confine del mio vivere, o Maria, speranza mia ajutatemi in quelle grandi angustie, e confortatemi a non disperarmi alla vista delle mie colpe, che mi porrà innanzi il Demonio. Impetratemi Voi d' invocarvi allora più spesso, acciocchè io spiri col vostro nome in bocca, e del vostro Santissimo Figlio. Anzi, Signora (perdonate il mio ardire) prima ch'io spiri venite Voi stessa a consolarmi colla vostra presenza. Son peccatore, è vero, non lo merito, ma son vostro divoto, che v'amo, ed ho una gran confidenza in Vói. Maria vi aspetto, non mi fate restare sconsolato. Almeno, se di tanta grazia non sarò degno, assistetemi dal Cielo, acciocchè io esca da questa vita amando Dio e Voi per venire ad amarvi eternamente in Paradiso.

Orazione a Maria SS. per ottenere la liberazione dall' Inferno.

PEL GIOVEDÌ.

O Carissima mia Signora, io vi ringrazio, che tante volte mi avete liberato dall'Inferno quante volte io me l'ho meritato per i miei peccati. Misero io un tempo stava già a quella carcere condannato e, già la sentenza forse al primo mio peccato sarebbe stata eseguita, se Voi pietosa non mi aveste ajutato. Voi neppure da me pregata, solo per vostra bontà tratteneste la Divina giustizia, e poi vincendo la mia durezza, mi tiraste a prendere confidenza in Voi: ed oh! in quanti altri delitti appresso io sarei caduto ne' pericoli che mi sono occorsi, se Voi Madre amorosa non me ne aveste preservato colle grazie che mi avete ottenuto. O regina mia, seguitate a liberarmi dall'Inferno. Se un tempo io non v'ho amato, ora dopo Dio v'amo sopra ogni cosa. Deh non permettete, ch' io abbia a voltar le spalle a Voi e a Dio, che per vostro mezzo tante misericordie mi ha dispensate. Signora mia amabilissima, non permettete, che io vi abbia a maledire per sempre nell'Inferno. Soffrirete Voi di veder dannato un vostro servo che vi ama? Madonna mia, giacchè avete fatto tanto per salvarmi, compite l'opera, seguitate ad ajutarmi. Ma se Voi quand'io vivea di Voi scordato, mi avete così favorito, quanto più debbo sperare ora che vi amo ed a voi mi raccomando! nò, non si perde chi a voi si raccomanda, solo si perde chi a Voi non ricorre. Deh! Madre mia non mi lasciate in mano mia, che io mi perderò. Fate ch'io sempre a Voi ricorra. Salvatemi speranza mia, salvatemi dall'Inferno, e prima salvatemi dal peccato, che solo può condannarmi all'Inferno.

Orazione a Maria SS. per ottenere il Paradiso.

PEL VENERDÌ.

O Regina del Paradiso, che sedete sopra tutti i cori degli angeli la più vicina a Dio, da questa valle di miserie io vi saluto misero peccatore, e vi prego a girare verso di me quei vostri occhi pietosi, che dove mirano spargono grazie. Guardate, Maria, in quanti pericoli ora mi trovo, ed ho da trovarmi sino che vivo in questa terra, di perdere l'anima, il Paradiso, e Dio. In Voi, Signora, io ho collocate tutte le mie speranze. Io vi amo, e sospiro di venire presto a vedervi e lodarvi in Paradiso. Ah! Maria;

quando sarà quel giorno, che mi vedrò già a'piedi vostri, e mirerò la Madre del mio Signore, e la Madre mia, che tanto si è impegnata per salvarmi? Quando bacerò quella mano, che tante volte mi ha liberato dall'Inferno, e tante grazie mi ha dispensate quando per mia colpa meritava che fossi odiato da tutti? Signora io vi sono stato molto ingrato nella mia vita, ma se vengo in Paradiso, non vi sarò più ingrato, colà vi amerò quanto posso ogni momento per tutta l'eternità, e compenserò la mia sconoscenza con benedirvi e ringraziarvi per sempre. Io sommamente ringrazio Iddio, che mi dà una tal confidenza nel Sangue di Gesù Cristo, ed in Voi, che mi abbiate a liberare da'peccati, ed impetrare luce, e forza di eseguire la divina volontà, e finalmente a condurmi al porto del Paradiso. Tanto hanno sperato i vostri servi, e niuno è restato ingannato; spero dunque di non restar ingannato neppur io. O Maria, non ci vuol altro, Voi mi avete da salvare. Pregate il vostro Figlio Gesù (come lo prego ancor io per i meriti della sua Passione) a conservare in me, e sempre più accrescere questa confidenza, e sarò salvo.

Orazione a Maria SS. per ottenere l'amore verso di Lei, e di Gesù Cristo.

PEL SABATO.

O Maria, già intendo, che Voi siete la Creatura più nobile, la più Santa, la più amabile di tutte le creature. O Signora mia, se tutti vi conoscessero, e vi amassero, come Voi meritate! Ma mi consolo, che tante anime felici in Cielo, ed in terra vivono innamorate della vostra bontà, e bellezza. Sopra tutto mi rallegro, che Dio stesso ama più voi sola che tutti gli uomini, e gli Angeli insieme. Regina mia amabilissima, io miserabile peccatore ancora vi amo, ma troppo poco; voglio un amore più grande, e più tenero verso di Voi, e questo Voi me l'avete da impetrare, giacchè l'amar Voi è un gran segno di predestinazione, ed una grazia che Dio non concede, se non a coloro, che vuol salvi.

Mi vedo poi, o Madre mia, troppo obbligato al vostro Figlio, e vedo che Egli merita un amore infinito. Voi che altro non desiderate, che di vederlo amato, questa è la grazia, che sopra tutto mi avete da impetrare, impetratemi un grande amore a Gesù Cristo. Voi ottenete da Dio quanto volete, deh! ottenetemi questa grazia di essere legato talmente colla Divina volontà che io non abbia più a separarmene. Io non vi cerco beni di terra, non onori, non ricchezze, vi cerco quello che più desidera il vostro cuore: voglio amare il mio Dio. E' possibile, che non vogliate ajutarmi in questo mio desiderio, che tanto piace a Voi? No, che Voi già mi ajutate, e già pregate per me. Pregate, e non lasciate mai di pregare, finchè non mi vedete in Paradiso, fuori del pericolo di potere perdere il mio Signore, e sicuro di amarlo sempre insieme con Voi Madre mia carissima.

Orazione a Maria SS. per ottenere il suo Patrocinio.

PER LA DOMENICA.

O Madre mia Santissima, io vedo le grazie, che Voi mi avete impetrate, vedo l'ingratitudine che io v'ho usata : ma non per questo voglio sconfidare nella vostra misericordia, che è più grande della mia ingratitudine. O mia grande avvocata, abbiate pietà di me. Voi siete la dispensiera di tutte le grazie, che Dio concede a noi miserabili, ed a questo fine Egli vi ha fatto così benigna, acciocchè ci soccorriate nelle nostre miserie. Deh! Madre di misericordia, non mi lasciate nella mia povertà : Voi siete avvocata de' rei più miseri e abbandonati, che a Voi ricorrono ; difendete me ancora, che a Voi mi raccomando. Non dite che la causa è difficile a guadagnarsi, mentre le cause più disperate, quando da Voi son difese, tutte si vincono. In mano vostra dunque metto la mia eterna salute, a Voi consegno l'anima mia; ella era perduta, Voi colla vostra intercessione l'avete da salvare. Amen. Così spero, così sia.

AFFETTI A MARIA

Da ripetersi il più spesso.

O Amabile Maria! - mio gaudio, e mio contento: - io voglio ogni momento - il nome tuo chiamar. - 2. Voglio portar quel nome - cotanto a Dio gradito - nell'alma mia scolpito, - scolpito in mezzo al cuor. - 3. Voglio chiamar *Maria* - se spunta in ciel l'aurora, - voglio chiamarla ancora - quando tramonta il dì. - 4. Dolcissima Maria! - la Madre mia tu sei, -

perciò su i labbri miei-sempre il tuo nome avrò: -5. Se sto coll'alma afflitta-in mezzo a mille pene, - la pace ogni mio bene,-il nome tuo sarà.-9. Se dubbio del perdono-tremante ho il cuore in seno,-la calma, il bel sereno-dal nome tuo verrà.-7. Se l'Infernal nemico-va l'alma mia tentando, -*Maria*, *Maria* chiamando-in fuga il metterò.-8. Ripeterò *Maria*-in ogni mio periglio,-mi è Madre, io son suo figlio-mai non la lascierò.-9. Il mio maggior conforto-nell'ultima agonia-sarà chiamar *Maria*, - chiamarla, e poi morir. 10. Quel caro nome amato-chiamando ogni momento, - io viverò contento, - contento morirò.

MISTERI DEL ROSARIO

MISTERI GAUDIOSI

NEl primo Mistero Gaudioso si contempla come la Vergine Santissima fu annunziata dall'Arcangelo Gabriele, che dovea concepire e partorire Gesù Cristo Signor nostro.

Nel secondo Mistero Gaudioso si contempla come la Vergine Santissima avendo inteso che Santa Elisabetta era gravida, si partì subito, andò a visitarla in casa sua, e stette con essa tre mesi.

Nel terzo Mistero Gaudioso si contempla come essendo venuto il tempo di partorire, partorì Maria Vergine nella Città di Betlemme il nostro Redentore nella mezza notte, e lo pose nel Presepio.

Nel quarto Mistero Gaudioso si contempla come la Vergine Santissima nel giorno della sua Purificazione presentò Gesù Cristo Signor nostro nel Tempio, e lo pose nelle braccia del Vecchio Simeone.

Nel quinto Mistero Gaudioso si contempla come la Vergine Santissima avendo smarrito il suo Figliuolo, e cercatolo per tre giorni, alla fine del terzo giorno lo ritrovò nel Tempio tra' Dottori che disputava, essendo di anni dodici.

MISTERI DOLOROSI

Nel primo Mistero Doloroso si contempla come Gesù Cristo facendo orazione nell' orto, sudò sangue.

Nel secondo Mistero Doloroso si contempla come Gesù Cristo fu flagellato in casa di Pilato.

Nel terzo Mistero Doloroso si contempla come Gesù Cristo fu coronato di pungentissime spine.

Nel quarto Mistero Doloroso si contempla come Gesù Cristo fu condannato a morte, e per sua maggior vergogna e dolore gli fu posto sopra le spalle il legno della croce.

Nel quinto mistero Doloroso si contempla come Gesù Cristo giunto sul Monte Calvario fu spogliato e confitto in Croce con crudelissimi chiodi, ove era presente la sua afflittissima Madre.

MISTERI GLORIOSI

Nel primo Mistero Glorioso si contempla come Gesù Cristo il terzo giorno dopo la sua Passione e morte risuscitò glorioso e trionfante per non mai più morire.

Nel secondo Mistero Glorioso si contempla come Gesù Cristo quaranta giorni dopo la sua Risurrezione salì al Cielo con mirabil festa e trionfo, vedendolo la sua Madre Santissima con tutti i suoi Discepoli.

Nel terzo Mistero Glorioso si contempla come Gesù Cristo sedendo alla destra del Padre, mandò lo Spirito Santo nel Cenacolo, ov'erano gli Apostoli con Maria Vergine congregati.

Nel quarto Mistero Glorioso si

contempla come la Vergine Santissima alcuni anni dopo la Resurezione del Signore, passò da questa vita, e dagli Angeli fu assunta in Cielo.

Nel quinto Mistero Glorioso si contempla come la Vergine Santissima fu coronata dal suo Figliuolo in Cielo, e si contempla la gloria di tutti i Santi.

ESERCIZIO DELLA VIA CRUCIS

Chi visita le Stazioni della Via Crucis *meditando la Passione di G. C. acquista le Indulgense concedute alla Visita di Terra Santa, applicabili pure ai defunti. Chi non può farlo corporalmente basta che reciti* 14 Pater ed Ave *e in fine cinque* Pater

Ave e Gloria, *e un altro giusta la mente del Sommo Pontefice tenendo in mano un Crocifisso di ottone benedetto dai Minori Osservanti.*

Atto di Contrizione.

Clementissimo mio Gesù, perchè siete infinitamente buono, e misericordioso vi amo sopra ogni cosa, di tutto cuore mi pento di avere offeso Voi sommo Bene, offerendo questo Santo viaggio in onore di quel dolorosissimo, che Voi faceste per me indegnissimo peccatore; ed intendo ricevere le Sante Indulgenze, per ottenere la vostra Misericordia in questa vita, e la Gloria eterna nell' altra.

STAZIONE I.

Adoramus te Christe et benedicimus tibi. Quia per sanctam Crucem tuam redemisti mundum.

In questa prima Stazione si rappresenta la Casa, ed il Pretorio di Pilato, dove il nostro buon Gesù ricevè l'iniqua sentenza di morte.

Considera l'ammirabile sommissione dell'innocente Gesù in ricevere una sì ingiusta sentenza, e sappi, che i tuoi peccati furono i falsi testimonj che la soscrissero, e le tue bestemmie, mormorazioni, e discorsi scorretti indussero l'empio Giudice a proferirla. Rivolgiti, se così è, verso l'amoroso tuo Dio, e più colle lagrime del cuore, che colle espressioni della lingua, digli così:

Ahimè, caro Gesù mio, che amore svisceratissimo è mai il vostro! Dunque per una creatura si indegna soffrir prigione, catene, e flagelli, sino ad esser sentenziato a sì vituperosa morte! Ah che tanto basta per ferirmi il cuore, e farmi detestare tanti trascorsi di lingua, che ne furono la cagione: sì che li abbomino, e li piango amaramente; e per tutta questa strada dolorosa anderò piangendo, sospirando, e replicando: *Gesù mio Misericordia, Gesù mio Misericordia.*

Pater, Ave, Gloria.

Miserere nostri Domine, miserere nostri.

STAZIONE II.

Adoramus te Christe etc.

Questa seconda Stazione rappresenta il luogo, dove l'amantissimo Gesù fu caricato del pesante legno della Croce.

Considera come il benignissimo Gesù si abbraccia colla S. Croce: ed oh con qual mansuetudine soffre le percosse, e gl'insulti di quelle scellerate turbe, quando tu impaziente fuggi a più potere il patire. E non sai, o meschino, che senza Croce in Cielo non si entra? Piangi la tua cecità, e rivolto al tuo Signore digli sospirando così:

A me, non a Voi, Gesù mio, si dee cotesta Croce. Ah pesantissima Croce, che fu fabbricata da tanti miei gravissimi peccati! Deh caro Salvatore datemi forza di abbracciare tutte le Croci, che meritano le mie gravissime colpe, anzi fate, che io muoja abbracciato colla Santa Croce, e replichi, più e più volte colla vostra diletta Teresa: *O patire o morire, o patire o morire. Pater etc. Miserere etc.*

STAZIONE III.

Adoramus te Christe etc.

In questa terza Stazione si rappresenta la prima caduta di Gesù sotto la Croce.

Considera, come l' afflittissimo Gesù indebolito per il continuo spargimento di sangue cadde la prima volta per terra: Deh mira, come que' ribaldi lo percuotono con pugni, coi calci, e con li schiaffi, e pure il pazientissimo Gesù non apre bocca, soffre, e tace; quando ne' tuoi leggierissimi travagli subito maledici, ti lamenti, e forse ancora temerariamente bestemmi. Detesta una volta la tua inquietezza, e superbia, e prega il tuo afflitto Signore così:

Amatissimo Redentore, ecco a vostri piedi il peccatore più perduto di quanti ne vivono sopra la Terra. Oh quante cadute! Oh quante volte sono precipitato in un abisso d'iniquità! Deh porgetemi la santa Mano vostra: ajuto Gesù mio, ajuto, affinchè in vita non cada più in colpa mortale, ed in morte mi assicuri l'affare della mia eterna salute.

Pater etc. Miserere etc.

STAZIONE IV.

Adoramus te Christe etc.

In questa quarta Stazione si rappresenta il luogo, dove Gesù s'incontrò colla sua afflittissima Madre.

Ahi che dolore trapassò il Cuore a Gesù! Ahi che spasimo ferì il Cuore a Maria, allorchè s'incontrarono! Oh anima ingrata, che mai ti ha fatto il mio Gesù! dice la dolente Maria. Che mai ti ha fatto la mia povera Madre; dice l'appassionato Gesù. Deh lascia il peccato, che fu la cagione delle nostre pene. E tu che rispondi? Ah indurito digli così:

Oh divin Figlio di Maria! O Santissima Madre del mio Gesù! eccomi ai vostri santissimi Piedi umiliato, e compunto. Confesso che sono io quel traditore, che fabbricai, peccando, il coltello di dolore, che trapassò i vostri tenerissimi Cuori. Ah che me ne pento ben di cuore, e ne chieggo ad entrambi misericordia: misericordia, Maria Santissima, misericordia, acciocchè mediante sì gran misericordia io non pecchi più, e mediti notte, e dì le vostre pene, i vostri dolori.

Pater etc. Miserere etc.

STAZIONE V.

Adoramus te Christe etc.

In questa quinta Stazione si rappresenta il luogo, dove il Cireneo fu sforzato ad indossarsi la Croce di Gesù.

Considera, che tu sei quel Cireneo, che porti la Croce di Cristo, o per apparenza, o per forza, perchè sei troppo attaccato ai comod transitorj di questo Mondo. Deh risvegliati una volta; e solleva il tuo Signore da sì gran peso, abbracciando di buon cuore tutt'i travaglj, che ti vengono dalla mano di Dio, con protesta di volerli soffrire non solo con pazienza, ma con rendimento di grazie al tuo Dio, che pregherai così:

O amantissimo Gesù mio, vi ringrazio delle tante, e sì belle occasioni, che mi date di patire per voi, e di meritare per me. Deh fate, mio Dio, che soffrendo pazientemente ciò, che ha apparenza di male in questa vita, faccia acquisto de'beni eterni nell'altra, e piangendo quì giù con Voi, sia fatto degno di venire a regnare nel santo Paradiso con esso Voi.

Pater etc. Miserere etc.

STAZIONE VI.

Adoramus te Christe etc.

Questa sesta Stazione rappresenta il luogo dove Santa Veronica rasciugò il volto con un panno al benedetto Gesù.

Considera in quel sudario l'estenuato sembiante del tuo Gesù, e spinto dall'amore procura formarne un espressivo ritratto nel tuo cuore: O te felice, se con Gesù scolpito nel cuore viverai. O te più che fortunato se con Gesù scolpito nel cuore morirai; e per esser meritevole di un tanto bene prega il tuo Signore così.

Tormentato mio Signore, imprimete, vi supplico, per tal maniera l'effigie del vostro sagratissimo volto nel mio cuore, che giorno e notte pensi sempre a Voi, e colla vostra dolorosissima Passione sotto gli oc chi, pianga sempre i miei gravissimi peccati, protestandomi, che con questo pane di dolore vò cibarmi sino alla morte, detestando sempre la mia pessima vita.

Pater etc. Miserere etc.

STAZIONE VII.

Adoramus te Christe etc.

In questa settima Stazione si rappresenta il luogo dove Gesù cadde sotto la Croce la seconda volta.

Considera il tuo Signore disteso in terra, abbattuto de' dolori, calpestato da' nemici, e deriso dalla plebe, e rifletti, che la tua superbia gli diè la spinta a cadere, la tua alterigia l'ha così atterrato. Deh abbassa una volta il capo, e con dolorosa contrizione dei peccati passati, proponi di umiliarti a piè di tutti in avvenire, e dirai al tuo Signore addolorato, così:

O Santissimo Redentore mio, benchè vi rimiro caduto, vi confesso nel tempo stesso Onnipotente, e prego Voi ad abbassare tutti i miei pensieri di superbia, d'ambizione, e di propria stima, affinchè caminando sempre col capo basso abbracci di buon cuore l'abbiezione, e il disprezzo, e con questa umiltà vera, intima, e cordiale, che tanto a Voi piace, mi riesca sollevar Voi da sì dolorosa caduta.

Pater etc. Miserere etc.

STAZIONE VIII.

Adoramus te Christe. etc.

Questa ottava Stazione ci rappresenta il luogo dove il benignissimo Gesù consolò le donne di Gerosolima sì afflitte, e addolorate.

Considera che tu hai doppio motivo di piangere, e per Gesù che patisce tanto per te, e per te stesso, che ingrato non sai godere, se non l'offendi. E pur tu a vista di tante pene ancor stai duro. Almeno in veder Gesù che mostra sì gran pietà a quelle povere donne, prendi confidenza, e tutto addolorato, e compunto digli così:

Amabilissimo mio Salvatore, e perchè questo mio cuore non si stempra tutto in lagrime di vero pentimento! lagrime Gesù mio vi chieggo, lagrime di dolore, e di compassione, affinchè colle lagrime sugli occhi, e col dolore nel cuore meriti quella pietà, che dimostraste a quelle povere donne. Deh concedetemi questa unica consolazione, che rimirato da Voi con occhi pietosi in vita possa sicuramente rimirare Voi nel punto della mia morte.

Pater etc. Miserere etc.

STAZIONE IX.

Adoramus te Christe etc.

Questa nona Stazione rappresenta il luogo, dove il buon Gesù cadde sotto la Croce la terza volta.

Ahimè, quanto fu penosa questa caduta del mio Gesù: mira con che rabbia quel mansuetissimo Agnello viene strascinato da que' rabbiosi Lupi. Osserva come lo pestano, lo percuotono, e l'involgono tutto nel fango, ah maledetto peccato, che sì maltrattò il Figlio d'un Dio. Merita le tue lagrime un Dio sì oppresso, un Dio calpestato. Via sù digli piangendo così:

Onnipotente mio Dio, che con un sol dito sostenete il Cielo e la Terra, e chi mai vi ha fatto sì malamente cadere? Ahimè che furono le mie recidive, le mie replicate iniquità, ed ho accresciuti tormenti a tormenti, con accumulare peccati a peccati. Ma eccomi compunto a' vostri piedi risolutissimo di farla finita, e con lagrime, e con sospiri replicherò cento e mille volte; mai più peccare, mio Dio, mai più, mai più.

Pater etc. Miserere etc.

STAZIONE X.

Adoramus te Christe etc.

Questa decima Stazione ci rappresenta il luogo, dove Gesù fu denudato, ed amareggiato con fiele.

Considera, anima mia, il tuo Gesù nell'esterno tutto lacero, e scorticato, e nell' interno amareggiato con disgustosissimo fiele. Ecco come paga Gesù colla sua nudità la tua immodestia, e la tua vanità nel vestire, e colle sue amarezze le tue golosità, ed ubbriachezze, come dunque non ti muovi a pietà? Deh gettati una volta a piedi del tuo Gesù denudato, e digli così:

Afflittissimo Gesù mio, che orribile contraposto è mai questo; Voi tutto sangue, tutto piaghe, tutto amarezze, ed io tutto vanità, tutto dolcezza. Ah nò, che non cammino bene, nò: Deh fatemi mutar vita, ed amareggiatemi talmente il gusto della vita presente, che da quì innanzi non gustando altro che le amarezze della vostra Santissima Passione, arrivi a godere con Voi le delizie del Santo Paradiso.

Pater etc. Miserere etc.

STAZIONE XI.

Adoramus te Christe etc.

L'Undecima Stazione ci rappresenta il luogo dove Gesù fu confitto in Croce a vista della Ss. Madre.

Considera l'eccessivo dolore, che

soffrì il buon Gesù in sentirsi stracciar da'chiodi e vene, ed ossa, e nervi, e carne con sì indicibile spasimo. Come mai non ti senti struggere di tenerezza, a vista di tante pene, ed al riflesso di tante tue sceleratezze. Almeno almeno sfoga il dolore col pianto dicendo così:

Clementissimo Gesù mio crocifisso per me, battete, e ribattete questo mio duro cuore col santo amore e timore, e giacchè i miei peccati furono i chiodi crudeli, che vi trafissero, fate che il mio dolore sia il carnefice, che trafigga, ed inchiodi tutte le mie mal regolate passioni, affinchè per mia buona sorte vivendo, e morendo crocifisso con Voi in Terra, possa venire a regnare glorioso con Voi in Cielo.

Pater etc. Miserere etc.

STAZIÒNE XII.

Adoramus te Christe etc.

Nella duodecima Stazione si rappresenta il luogo dove fu inalzata la Croce con Gesù Crocifisso.

Alza gli occhi, e mira pendente in aria da tre chiodi l'amatissimo Gesù, mira quella Divina faccia moribonda, osserva, come prega per chi l'offende, dona il Paradiso a chi lo chiede, lascia in cura di Giovanni la Madre, raccomanda al Padre l'Anima sua, ed inchinando il capo sen muore. Dunque è morto Gesù, ed è morto in Croce per te. E tu che fai. Deh guardati di non partire di quà, se non ravveduto, e compunto; ed abbracciato alla Croce di Gesù digli così.

Redentor mio amabilissimo lo conosco, lo confesso che i miei gravissimi peccati sono stati i carnefici più spietati, che v'hanno tolto la vita, sicchè non merito il perdono, essendo io quel traditore, che vi ha crocifisso, ma nell'udirvi pregare per i vostri crocifissori, oh quanto si consola l'Anima mia. Che farò dunque per voi, che tanto avete fatto per me. Eccomi, se così è, eccomi pronto a perdonare a chiunque m'offese: sì mio Dio, per amor vostro perdono a tutti, abbraccio tutti, desidero bene a tutti, e così spero sentirmi dire da Voi in quell' estremo: *Hodie mecum eris in Paradiso.*

Pater etc. Miserere etc.

STAZIONE XIII.

Adoramus te Christe etc.

Nella decimaterza Stazione si rappresenta il luogo, ove Gesù fu deposto dalla Croce in grembo all' Afflittissima Madre.

Considera quale spada di dolore trapassò il cuore alla sconsolata Signora, allorchè ricevè tra le sue braccia il già defonto suo Figlio: ah che a vista di tante ferite si rinnovarono in Lei tutti gli spasimi del suo tenerissimo cuore; ma qual fù lo stilo più acuto, che la trafisse? fu il peccato, che le tolse di vita un sì caro Figlio. Piangi dunque il maledetto peccato; e mescolando le tue lagrime con quelle di una Vergine sì addolorata, digli così:

O Regina de' Martiri, quando sarò degno di capire, e compatire insieme le vostre pene, con averle sempre presenti nel mio cuore? Deh fate o gran Signora, che io notte e dì pianga tanti miei sì enormi misfatti, che cagionarono a Voi sì gran patire, affinchè piangendo, amando, sperando muoja di puro dolore per Voi, per vivere eternamente con Voi.

Pater etc. Miserere etc.

STAZIONE XIV.

Adoramus te Christe etc.

In quest'ultima Stazione si rappresenta il Santo Sepolcro, in cui fu collocato il Corpo Santissimo di Gesù.

Considera quali furono i pianti di Giovanni, della Maddalena, e dell'altre Marie, e di tutti i parziali di Cristo, allorchè si rinchiuse in quel Santo Sepolcro. Ma più di ogn'altro considera la desolazione del cuore addolorato di Maria in vedersi affatto priva del suo amantissimo Figlio, ed a vista di tante lagrime prendi motivo di vergognarti, che nel decorso di questo santo viaggio hai dimostrato sì poco sentimento di pietà. Via su risvegliati in quest'ultimo, e baciando la lapide di quella Sacra Tomba, fa uno sforzo grande per lasciarvi depositato il cuore, e con amaro pianto prega il tuo defonto Signore così:

Pietosissimo Gesù mio, che per mio solo amore voleste compire un sì doloroso viaggio, vi adoro defonto, e rinchiuso nel Santo Sepolcro: ma vi vorrei altresì rinchiuso nel mio povero cuore, affinchè unito a Voi, dopo questo Santo Esercizio risorga a nuova vita di grazia, e mi riesca colla perseveranza finale morire in grazia; concedetemi dunque, che per i meriti della vostra Santissima Passione, che ho meditata sinora, il mio ultimo cibo in quell'estremo sia il Divinissimo Sacramento: le ultime mie parole sian

GESU' e MARIA, l' ultimo mio sospiro sia unito a quello, con cui spiraste sulla Croce per me, ed in questo modo con viva Fede, ferma Speranza, e amore ardente muoja con Voi, muoja per Voi, per venire a regnare con esso Voi per tutt' i secoli de' secoli. Amen.

Pater etc. Miserere etc.

COMPENDIO

DELLA DOTTRINA CRISTIANA

D. Chi vi ha creato, e messo al mondo? R. È stato Dio.

D. Chi é Dio?

R. E' il Creatore, e Signore del Cielo, e della Terra.

D. Per qual fine Iddio vi ha creati? R. Per conoscerlo, amarlo, e servirlo in questa vita, e poi goderlo in Paradiso.

D. Dov' è Iddio?

R. E' in Cielo, in Terra, ed in ogni luogo.

D. E' Un solo Dio, o più Dei?

R. E' un solo Dio, ma in tre Persone distinte, Padre, Figliuolo, e Spirito Santo, dette la Santissima Trinità.

D. Queste tre Persone sono tre Dei?

R. Nò, un Dio solo, perchè tutte tre hanno una medesima essenza, e sostanza Divina.

D. Di queste tre Persone qual'è maggiore, più potente ec.

R. Sono uguali in tutte le perfezioni.

D: Quale delle tre Persone si è fatt' Uomo?

R. La seconda cioè il Figliuolo.

D. Che cosa ha fatto per farsi Uomo?

R. Ha preso corpo, ed anima, come abbiam noi, nelle viscere di Maria Vergine per opera dello Spirito Santo.

D. Come si chiama il Figlio di Dio fatt'Uomo?

R. Gesù Cristo Redentor nostro, vero Dio, e vero Uomo.

D. Per qual fine si è fatt' Uomo?

R. Per liberarci con la sua morte dalla perdizione, e meritarci la vita eterna.

D. Dov'è Gesù Cristo?

R. Come Dio è in ogni luogo: come Dio ed Uomo sta in Cielo, e nel Santissimo Sagramento.

D. Che cosa vi è nel Santissimo Sagramento?

R. Vi è il Corpo, il Sangue, l'Anima, e la Divinità di Gesù Cristo sotto le specie di pane, e di vino.

D. Che cosa s'intende per le specie di pane, e di vino?

R. Quel che apparisce, cioè il colore, il sapore, l'odore, e la quantità.

D. Nell' Ostia consagrata non vi è ancora con le specie la sostanza del pane?

R. No; perchè è tutta mutata, e transostanziata nel Corpo di Gesù Cristo per le parole della consagrazione.

D. Rompendosi l'Ostia, si rompe anche il Corpo di Gesù Cristo?

R. Nò: solo si rompono le specie, o accidenti di pane.

D. Se il Corpo non si rompe, in qual parte dell' Ostia resta?

R. Resta intero in qualsivoglia parte di esso.

D. Che si ha da fare per comunicarsi degnamente?

R. Esser digiuno dalla mezza notte; confessarsi, se è in peccato mortale; e far atti di Fede, Speranza, Umiltà, ed Amore verso Gesù Sagramentato.

D. Quante cose ci vogliono per fare una buona confessione?

R. Cinque. 1. Bisogna esaminar bene la sua coscienza. 2. Aver dolore di aver offeso Dio. 3. Far fermo proposito di non offenderlo più per l'avvenire. 4. Dichiarare tutti i peccati al Confessore. 5. Aver volontà di fare la penitenza ingiunta.

D. Chi si confessasse senza pentimento, o tacesse per rossore un peccato mortale, che male farebbe?

R. Un gran sacrilegio; onde se poi si confessasse, e non rifacesse quella confessione, anderebbe all'Inferno.

D. Chi son quelli che vanno all'Inferno?

R. Tutti quelli che muojono in peccato mortale.

D. Che si fa nell'Inferno?

R. Vi si patiscono tormenti orribili, si è privo di Dio, e si brucia eternamente nel fuoco co' Demonj.

D. Chi sono quelli che vanno in Paradiso?

R. Quelli che morendo in grazia di Dio, non hanno cosa da pagare prima per qualche tempo nel Purgatorio.

D. Che si fa nel Paradiso?

R. Vi si gode Dio, in compagnia degli Angeli, e Santi per tutta l'Eternità.

D. Che deve credere il Cristiano per andare in Paradiso?

R. Tutto quello, che crede la Santa Chiesa Cattolica Romana.

D. Che cosa è obbligato a sapere?

R. Quello, che si contiene nel *Credo*, i Comandamenti di Dio e della Chiesa, ed il *Pater noster*.

D. Che cosa è obbligato a fare per salvarsi?

R. Osservare i Comandamenti di Dio, e della S. Chiesa.

D. Quanti e quali sono i Comandamenti di Dio?

R. Sono dieci. 1. Io sono il Signore Dio tuo; non avrai altro Dio avanti di me. 2. Non pigliar il nome di Dio in vano. 3. Ricordati di santificare le Feste. 4. Onora il padre e la madre. 5. Non ammazzare. 6. Non fornicare. 7. Non rubare. 8. Non dire falso testimonio. 9. Non desiderare la donna d'altri. 10. Non desiderare la roba d'altri.

D. Quanti, è quali sono i Comandamenti della Chiesa?

R. Sono sei. 1. Udir la S. Messa in tutte le Domeniche, ed altre feste comandate. 2. Digiunare la Quaresima, le Vigilie comandate, e i Quattro Tempi, e non mangiar carne il Venerdì ed il Sabato. 3. Confessarsi almeno una volta l'anno. 4. Comunicarsi almeno la Pasqua di Risurrezione. 5. Pagar le decime alla Chiesa. 6. Non celebrar nozze ne' tempi proibiti, cioè dalla prima Domenica dell'Avvento sino all'Epifania, e dal primo giorno di Quaresima sino all'Ottava di Pasqua.

D. Quanti sono i Sagramenti, e quali effetti producono?

R. Sono sette. 1. Il Battesimo fa l'uomo Cristiano. 2. La Cresima dà la grazia per diventare perfetto Cristiano. 3. La Eucaristia nutrisce l'Anima, e la conserva in grazia di Dio. 4. La Penitenza cancella i peccati. 5. L'Olio Santo dà ajuto per ben morire, e spesso conferisce anche la sanità del corpo. 6. L'Ordine dà potestà di esercitar le funzioni sacre. 7. Il Matrimonio dà la grazia per allevare cristianamente i figliuoli, e vivere in pace e carità.

Reimprimatur Fr. Dom. Buttaoni, S.P.A.M.
Reimpr. J.M. Vespignani Arch. Tian. Vicesg.

CPSIA information can be obtained at www.ICGtesting.com
Printed in the USA
LVOW111402261212

313275LV00004B/523/P

9 781274 373816